HERMANN HESSE
De *Siddharta* au *Jeu des Perles de Verre*

 *PHILOSOPHIE ET LANGAGE*

Edwin Casebeer

hermann hesse
de siddharta au jeu des perles de verre

Traduction et présentation par Michel Meyer

PIERRE MARDAGA, EDITEUR
2, GALERIE DES PRINCES, 1000 BRUXELLES

Copyright © 1972 by Warner Books, Inc.
© Pierre Mardaga, éditeur
37, rue de la Province, 4020 Liège
2, Galerie des Princes, 1000 Bruxelles
D. 1984-0024-6

*My Son John
this Way*

Présentation par Michel Meyer

Hermann Hesse, qui reçut le Prix Nobel de Littérature en 1946, est sans conteste l'un des plus grands écrivains du siècle, l'un de ceux, assez rares, dont l'œuvre est incontournable.

Si le Français le lit beaucoup, il le connaît mal. A vrai dire, il n'existe aucune étude actuellement disponible en français consacrée à son œuvre. D'où la nécessité d'offrir au public francophone un ouvrage tel que celui d'Edwin Casebeer qui allie concision, profondeur et clarté et qui analyse les grands romans de Hesse que sont Siddharta, Le Loup des Steppes, Narcisse et Goldmund *et bien sûr le* Jeu des Perles de Verre, *son chef-d'œuvre.*

Fort curieusement, quand les spécialistes nous parlent de la littérature d'expression allemande qui a compté, ils citent Musil, Kafka, Broch ou Mann, mais on retrouve rarement le nom de Hesse. Autant qu'eux, cependant, il a reflété les soubresauts de notre siècle, tant pour la forme que par les thèmes. Mais aucun des grands auteurs cités plus haut ne s'est penché avec autant de pénétration sur le problème de la responsabilité politique et morale de l'intellectuel face au déclin de l'individu qui se parachève dans toutes les négations idéologiques, avant d'être simplement physiques, de la personne humaine. Inquiétude combien actuelle, en cette fin du millénaire qui aura connu et la société de masse et sa gestion de crise, le totalitarisme. Ecoutons Hesse : « si je cherchais après coup une signification commune à mes livres, je dirais ceci : de Camenzind *au* Loup des Steppes *et* Joseph Knecht, *tous se présentent comme une défense, et parfois un cri d'alarme de la personne, de l'individu. L'homme seul, unique, avec ses héritages et ses possibilités, ses dons et ses envies, est une chose délicate, et il doit bien trouver un avocat. Car il a contre lui toutes les puissances, grandes et petites : l'Etat, l'Ecole, l'Eglise et les institutions de toutes sortes qui le collectivisent et l'englobent, les Patriotes, les Orthodoxes et les Catholiques de tout poil, les Communistes et les Fascistes également. Ainsi ai-je toujours eu, contre mes livres, ces pouvoirs contre moi »* (Schriften zur Literatur, I, p. 13, Suhrkamp, Francfort).

La mission de l'intellectuel est, pour Hesse, d'assurer ce rôle de défenseur contre toutes les idéologies. On comprend donc qu'à l'époque où elles avaient encore quelque crédit de l'ignorance entretenue des crimes qu'elles autorisaient pour se survivre, Hesse n'ait pas recueilli l'assentiment de nos « chers intellectuels », peu enclins à se penser comme tels dans leur fonction de légitimateurs de configurations socio-politiques. Un intellectuel est un être qui se pose des questions avant d'être le véhicule de réponses préétablies ou « ayant fait leur preuve ». S'il fallait dresser la barrière entre ce que Sartre appelait le technicien du savoir pratique — en d'autres termes, le spécialiste ou le technocrate — et l'intellectuel, on pourrait la situer au niveau de l'aptitude à remettre en question le plus radicalement qui soit les réponses en circulation à un titre ou à un autre. Ce n'est pas toujours facile, et l'on sait que le héros du Jeu des Perles de Verre *mourra pour n'avoir plus pu accepter un ordre intellectuel qui néglige les intérêts de l'humanité au sens le plus large du terme, qui se referme sur soi et ne se soucie que de reproduire sa pérennité illusoire en marge de la société dont il tire sa subsistance.*

Qu'est-ce au fond que cet énigmatique jeu de perles de verre ? En quoi s'agit-il d'une parabole de la fonction intellectuelle ? Quel est le rapport entre le jeu et l'ordre intellectuel — Castalia — qui le pratique, et la préservation de l'individu face à l'emprise totalitaire ? Pour répondre à ces questions, il faut voir quelle est la mission du jeu. Ce dernier symbolise l'activité la plus synthétique qui soit, associant les arts et les sciences en une combinatoire pratiquée pour elle-même. Il est l'art des mélanges ultimes de toutes les connaissances humaines, la symbolique profonde de toutes les analogies de l'univers qui en donne l'unité. Par rapport à la vie, dans ce qu'elle a de social et dans ce qu'elle comporte d'exigences pratiques, une telle activité est forcément un jeu : elle ne présente aucune utilité. Quant aux perles de verre, elles sont le signe de la transparence et de la fragilité, de la luminescence et de la beauté cristalline de l'esprit. Le jeu des perles de verre est en définitive l'exercice même de la culture : elle est forcément menacée parce qu'inutile, elle est faible et soumise aux caprices des puissants et aux dures lois de l'économie. Après tout, pourquoi faudrait-il grever le budget de l'Etat en subventionnant des individus et des institutions qui font de l'art pour l'art, qui recherchent pour trouver et non pour produire ? L'intellectuel n'est-il pas le luxe le plus paradoxal qu'une société puisse s'offrir ? Il coûte et ne songe qu'à se retrancher dans sa tour d'ivoire. Son langage est ésotérique, inaccessible : le jeu de perles de verre nécessite une longue initiation pour être appris. Autant dire que la masse, qui paie, est destinée à en rester exclue. Le jeu des perles de verre représente donc le caractère dérisoire de l'activité intellectuelle par rapport aux impératifs sociaux de la vie: c'est un pur jeu. Un jeu onéreux, d'ailleurs, quand on songe à l'urgence des maux et des fléaux à affronter, comme la guerre et la misère. Le jeu a la fragilité du verre en ce qu'il se cantonne, au regard critique des contemporains extérieurs, à maintenir le secondaire au lieu de l'essentiel social.

Il peut sembler paradoxal, à première vue, de faire de l'intellectuel une sorte d'innocent retranché du monde réel, un gardien de l'inutile. A y regarder de près, il est le superflu nécessaire dont aucune société ne peut se passer, pour la simple raison qu'il plaque, de haut de sa tour d'ivoire, une légitimation d'un certain ordre social. Qu'il le conteste au profit d'un autre ou qu'il le valorise ne change rien à la démarche. En fait, aucun agent social, fût-il au sommet de la pyramide, et surtout s'il l'est, ne peut justifier la pyramide telle qu'elle est. Il faut donc assurer une cohérence au tout comme tel, l'ordonner de manière nécessaire, le réfléchir en un discours («l'idéologie») qui, seul, donne un fondement et une rationalité. Pour ne pas apparaître comme le légitimateur illégitime, l'intellectuel va se réclamer de la transcendance, dont il est l'interprète privilégié, et ce sera Dieu (le Shaman, le prêtre, etc.), ce sera l'Histoire et son cours inflexible qu'il déchiffre (le Parti), ce sera la Vérité et la Science à laquelle il faut se soumettre socialement au nom de l'efficacité (le Technocrate).

Tout ceci, Hesse ne l'ignore pas, et il condamne les intellectuels qui vivent richement de la société qu'ils légitiment: on pense au clergé au moyen âge qui, comme les hommes du Parti ailleurs et en d'autres temps, font partie des sommets de l'Etat. La version moderne, et occidentale, de l'intellectuel social, c'est le spécialiste et le technicien; à la limite, c'est l'homme qui produit un discours dit «savant» ou technique sur n'importe quelle question. Hesse appelle cette époque l'âge du feuilleton, parce que la culture y tourne à vide : le modèle intellectuel est celui du « professionnel », et la soif de savoir se matérialise dans le parcellaire, l'analytique, l'article de journal qui commente et explique savamment, par un spécialiste, un point précis et limité. Il s'agit là d'une culture sans fond : dans une société dominée par le savoir technique et professionnalisé en conséquence, les questions pratiques sont très fort intellectualisées et il n'est donc pas besoin de donner une légitimation intellectuelle à un ordre socio-économique qui secrète sa propre légitimité en s'appuyant déjà sur le savoir. On assiste donc à une prolifération de la professionnalisation de la culture, ce qui en fait perdre l'unité et la détruit comme telle. En fait, ce n'est ni l'Etat, ni l'Histoire, ni une quelconque Transcendance (Dieu), qui donne encore un fondement et une rationalité au social, et par là, produit une culture à côté d'une idéologie légitimante. Tout cela est désormais superflu et, dès lors, il y a fragmentation et émiettement de la culture qui se dissout dans la professionnalisation du savoir devenu technique. L'intellectuel était jadis à l'écart, c'était un intellectuel politique, il est aujourd'hui un intellectuel social : il se légitime par son utilité nouvelle directe et il légitime ipso facto *le social qu'il crée au nom de la science et de l'efficacité.*

Une culture sans fondement, disséminée, dépourvue de créativité propre disparaît avec la société dont elle se nourrit. C'est ce que Hesse prédit de la nôtre : « L'insécurité et le caractère frelaté de la vie intellectuelle de cette époque qui, à bien des égards, faisait pourtant montre d'énergie et de grandeur, s'expliquent aujourd'hui à nos yeux comme un symptôme de l'épouvante qui saisit l'esprit lorsque, au terme d'une ère de triomphe et de prospérité apparents, il se trouva soudain en face du néant, d'une grande détresse matérielle, d'une période d'orages politiques et de guerres en proie du jour au lendemain à la défiance de soi, doutant de sa force et de sa dignité, voire de son existence. Cette période, qui sentait sa décadence, connut pourtant encore de très hautes réalisations intellectuelles ». C'est alors que la culture s'est recueillie en une sorte d'ordre d'intellectuels qui n'est pas sans rappeler les ordres du moyen âge et les universités d'aujourd'hui. A « l'inflation des idées » a succédé l'austère goût de l'intellectualité pour et par elle-même, à l'abri des désastres socio-politiques qui se produisent à l'extérieur de Castalia. Lisons : *« les auteurs à grands tirages, lauréats de Prix Nobel et propriétaires de jolies villas, les grands médecins, fiers de leurs décorations et de leurs domestiques en livrée, les universitaires mariés à des femmes riches et forts de leurs brillants salons, les chimistes membres de conseil d'administration, les philosophes qui fabriquaient en série les articles de variétés, et les conférences passionnantes pour des salles combles qui les couvraient d'applaudissements et de fleurs — toutes ces figures avaient disparu et ne sont plus réapparues depuis (...) En revanche, un attachement fanatique et repentant aux choses de l'esprit était venu les enrichir. Les talents qu'attirait une vie brillante ou aisée devaient se détourner d'une intellectualité sans attrait et rechercher les professions auxquelles étaient réservés la prospérité et le lucre ».*

L'intellectuel se retire donc sur sa montagne, crée ses propres institutions d'élite à l'écart du monde, après y avoir littéralement fait la loi.

Et c'est là qu'un autre danger le guette : la fuite devant l'Histoire, l'irresponsabilité morale et politique. Castalia, comme les ordres monastiques d'antan, devra disparaître pour n'avoir pas rendu tant soit peu à la société qui la nourrissait. Coupés des forces créatrices de la société, les intellectuels se dessèchent et sont voués à disparaître. Bien pire, pour les autres s'entend, est l'absence de pensée qui, inévitablement, en résulte. La société, privée des mises en garde et des critiques des intellectuels, risque fortement de ne pouvoir assurer sa cohérence globale aux yeux des individus qui la composent. Le danger le plus grand, on le sait, est de voir l'espace d'intelligibilité occupé par des hommes de parti, par des mercenaires de causes destructrices et totalitaires. Le champ laissé libre par les intellectuels devient alors celui des militants, et puis, des frappeurs. Hesse n'est pas sans penser aux bandes de fascistes et de communistes qui se battaient, à mort parfois, dans les rues allemandes dans les années vingt.

C'est là que réside le paradoxe fondamental inhérent au statut de l'intellectuel: s'il cultive strictement l'universalité et le respect de la loi morale, il ne peut que laisser le champ libre aux hordes sauvages sous peine de devoir faire comme ceux qui bafouent les principes, et partant, de se mettre à leur niveau, donc de se renier. Ou bien, il descend dans l'arène politique pour lutter contre la barbarie et il devra tôt ou tard adopter une attitude machiavélienne, ou bien il reste dans sa tour d'ivoire avec ses grands principes qu'il veut voir intacts, et tôt ou tard, il sera condamné comme les autres pour n'avoir pas réagi à temps. Une Castalia quelconque est vouée à disparaître. Ou bien l'esprit, et c'est l'inefficacité, ou bien l'action, et c'est la subordination de l'esprit: tel est le dilemme, et dans les deux cas, la position de l'intellectuel est intenable.

Que l'on ne se fasse pas d'illusions, Hesse n'a pas de solution toute faite à offrir. D'où le recours au discours fictionnel, littéraire, qui présente le problème, et la « solution » que propose Hesse est précisément que la réponse ne s'enseigne pas. On doit pouvoir se trouver parce que l'essentiel est précisément de se chercher, ce qui revient donc à valoriser l'individu, la personne comme telle pour ce qu'elle est. En fin de compte, Joseph Knecht, le Maître du Jeu des

Perles de Verre, quitte l'Ordre castalien qu'il conçoit comme sclérosé et comme condamné. Mais il en mourra, comme si abandonner la culture pour elle-même était, pour l'intellectuel, son arrêt de mort. Cela dit, la sclérose de Castalia tient à la hiérarchisation de ses structures qui opprime l'individu, un thème cher à Hesse. Le vrai maître est celui qui sert, non un autre, plus maître que lui, mais un idéal universel. C'est parce que Castalia fonctionne selon le modèle universitaire, avec ses professeurs, que l'Ordre se stérilise. On sait que Hesse s'est enfui des institutions scolaires allemandes, ne pouvant supporter davantage l'autorité et le formalisme hiérarchique auxquels il était soumis. Toute sa vie, il vantera les mérites du rebelle et du marginal, donc l'artiste par opposition au «prof». Mais il ne cessera jamais de mettre la culture plus haut que tout, et par culture, il faut entendre les formes suprêmes de l'esprit qui vise à l'unification du Tout, et partant, à une définition adéquate de l'homme dans le monde. Ce souci de transcendance — peu importe qu'on l'appelle Dieu, le divin, ou l'éternité — ne doit pas animer des intellectuels inspirés mais au contraire permettre à l'homme de se *définir*, donc de se *réaliser*, c'est-à-dire, pour employer la terminologie de Hesse, d'accéder au Soi, à l'unité de la personne par-delà tous les clivages (homme/femme, individu/groupe, etc.) qui la conditionnent. S'il y a une vertu quelconque à la religion, selon Hesse, c'est qu'elle donne une vision du Tout et une cohérence globale au Soi, que l'on ne trouve plus dans les philosophies et les autres discours du temps. Les professeurs n'ont plus rien d'autre à enseigner qu'un savoir figé qu'ils reproduisent en y ajoutant, au mieux, un fragment de savoir nouveau. L'enseignement n'est plus la sagesse et la voie d'accès à une meilleure compréhension de soi: il est de nature technique et vise à faire de l'étudiant un professionnel.*

L'intellectuel, pour être pleinement soi, doit pouvoir remettre tout en question, et doit en tout cas pouvoir lutter pour l'individualité, l'épanouissement de la personne et non sacrifier celle-ci à quelque ordre que ce soit, y compris le sien propre qui sera tôt ou tard perverti. La culture doit développer et non contraindre. La seule fonction légitimante, socialisée, de l'intellectuel doit être celle-là : synthèse dialectique du retrait et de l'engagement, l'intellectuel défenseur de la personne humaine, critique radical de toute imposture légitimante.

La plupart des romans de Hesse ont, parmi les thèmes récurrents, le souci de la quête de soi, par-delà toutes les scissions et fragmentations propres au monde moderne dont Hesse est, avec bien d'autres, le témoin. L'absurdité de l'existence, le non-sens du monde moderne qui accule l'individu à se mettre radicalement en question, sont des idées qui se trouvent chez Hesse bien avant que Camus et Sartre ne s'en fassent l'écho. L'écart entre la pensée française et la pensée allemande tient à ce que celle-ci a connu plus tôt l'impact de la défaite et l'effondrement consécutif des vieilles valeurs.

Pour Hesse, on ne l'a jamais assez souligné, la seule démarche salutaire est d'ordre dialectique et l'intrigue narrative se résout d'ailleurs dialectiquement dans nombre de ses romans. Dans Siddharta, *par exemple, le héros passe par trois phases : de la recherche d'une vérité intellectuelle, le héros passe à l'immersion dans le sensible pour trouver sa voie, la paix et l'épanouissement de soi. En fin de compte, il rejette cette solution pour retourner au contraire vers l'acceptation de la contemplation intellectuelle, mais enrichi de tout le parcours. Ce dernier est symbolisé par la rivière, qui est le Même et l'Autre à la fois, puisque, comme l'a dit Héraclite, « on ne se baigne jamais deux fois dans le même fleuve ». Il y a donc une synthèse à laquelle le héros accède qui est celle du sensible (le flux de l'eau) et de l'intelligible (l'éternité de la rivière comme telle) que seul un passage successif dans les deux royaumes permettait de saisir. Harry Haller, dans le* Loup des Steppes *devra lui aussi passer par le sensible avant de comprendre que la réalisation de soi passe par une intégration au niveau de l'éternel, de l'immortel. Le retour à l'animalité et au chaos, puis à l'enfance, seul rend possible la renaissance de l'individu dans son équilibre profond avec soi et le monde qui l'environne. De même que Goldmund revient au monastère après s'être plongé dans le monde extérieur, Joseph Knecht retrouve le monde extérieur après avoir passé sa vie à Castalia. Tous les deux en meurent, sans doute, mais ils ont accompli leur destin en comprenant qui ils étaient, et après avoir surmonté tous les déchirements du bien et du mal, du sensible et de l'intelligible, du vrai et du faux, du soi et du monde, dont ils ne pouvaient s'accommoder.*

Car, pour Hesse, une des grandes caractéristiques de notre monde moderne, est la fragmentation généralisée des réalités qui allaient de soi jusqu'alors, comme précisément le bien et le mal, et notre attitude à l'égard des valeurs établies. Comment être soi dans un monde qui fuit de partout? Comment s'inscrire dans une historicité qui est l'altération généralisée, et du point de vue personnel, l'aliénation et la fuite de soi? Jusqu'à Proust la réalité plus ou moins stable autorise une littérature encore réaliste. Mais avec lui et après lui, la littérature est obligée d'acter l'écart croissant qu'impose l'histoire entre le réel et l'esprit, lequel s'était accoutumé à ce réel passé. *Le soi ne parvient plus à combler ce fossé qu'en pensant ce réel comme passé: d'où la mémoire, et le rôle d'une «recherche du temps perdu». Mais avec Proust, le soi peut encore vivre avec l'illusion de s'accommoder, fût-ce par l'imaginaire littéraire, d'un réel perdu et disloqué. Après Proust, avec Joyce, Kafka, Woolf et, politiquement, après l'effondrement de l'Europe suite à la première guerre mondiale, l'illusion d'un accord fictionnel n'est plus réaliste. Dès lors, on comprend bien que la forme littéraire se fragmente elle aussi, pour intégrer la réalité nouvelle qu'elle fictionnalise. C'est surtout au niveau de la description de la vie intérieure que l'on perçoit le changement. On pense au fameux monologue intérieur chez Virginia Woolf et James Joyce. Ces innovations formelles reflètent le nouveau statut du soi dans le monde contemporain: reflet d'un réel disloqué, il se révèle incapable d'assurer une unité qui n'existe plus. Le moi, comme unité du réel diversifié, n'a donc plus de consistance propre puisque l'unification du réel qui fuit en tous sens n'est plus possible. La référence à une synthèse du monde comme tel n'est plus assumable. D'où la question du moi, ou l'apparition du moi comme question. Quel est le rôle du soi? A ce réel insaisissable, en perpétuelle mouvance ne correspond plus ce qui pouvait lui redonner corps dans son articulation même. La littérature a déconstruit le moi comme réalité sous-tendant toute réalité possible. Le soi est alors cette case vide du réel, disloqué comme lui, où tout est à faire. Mais comment se faire? Faute de pouvoir encore unifier un monde qui lui échappe, le moi est aliéné, il est la case vide où viendront s'inscrire toutes les inventions formelles qui suppléeront à cette béance insoluble. Le soi, ne pouvant présenter de garantie au sens des choses, ne pouvant donner sens, cessera de faire sens. Mais alors, comment vivre?*

La réponse de Hesse permet de suivre une certaine odyssée du soi qui a ceci de particulier qu'elle reproduit les grandes crises de l'Europe en même temps qu'elle recouvre les drames personnels de l'auteur. Le génie de Hesse est d'avoir su objectiver ses crises propres, d'avoir réussi à les exprimer en œuvres d'art dans lesquelles les autres hommes se sont immédiatement reconnus, par l'universalité du message que Hesse leur a communiqué, tel un Hermès de la condition humaine.

Siddharta d'abord: il est le premier grand roman de Hesse. On peut dire qu'en une certaine façon il rompt avec *l'expression narrative des premiers romans,* Peter Camenzind *ou* Démian *par exemple.*

La création formelle sera plus poussée dans Le Loup des Steppes, *et elle fait écho au chaos des personnages tel qu'on le découvre abruptement tout au long du livre. Si cet ouvrage est l'expression de l'effondrement personnel de Hesse, il est aussi le miroir du temps.* Siddharta, *lui, était paru en 1922, avant la Grande Dépression, mais après la défaite allemande : le livre reflétait le besoin de paix et de fuite, la quête d'harmonie et la vision quasi religieuse, métaphysique, d'un tout où l'individu pourrait s'intégrer à nouveau. Mais la solution était illusoire : on n'arrête pas le temps par la contemplation de ce qui, en lui, le transcende. Le chaos de la Grande Dépression signifie le retour à la violence et aux rapports humains impitoyables, à la désagrégation sociale, au désordre politique. Cet effondrement généralisé est capturé dans ce « retour à la bête » qui sommeille et s'éveille en nous, pour le pire quand les circonstances le favorisent, et qui est admirablement symbolisé dans* Le Loup des Steppes. *L'individu est désemparé, il se cherche, le désastre qu'il connaît ne lui permet plus d'accéder à la transcendance illusoire de Siddharta.*

C'est dans Narcisse et Goldmund *que l'individu reçoit quelque espoir de se trouver, de s'assurer une identité pleine. Mais la voie du sensible, jouissance sensuelle ou plaisir de l'art pur, n'est pas la solution, comme Hesse veut nous le faire comprendre par la mort de Goldmund. Reste-t-il alors la quête narcissique dont on sait aujourd'hui qu'elle est aussi vaine qu'elle est devenue omniprésente ? Le narcissique ne s'efforce pas de faire quelque chose, de s'incarner dans des projets qui le réalisent et le dépassent, il ne voit dans le monde et les gens qui l'entourent que prétexte à s'éprouver comme réalité égotique. Il est vide puisque le moi, forme vide par excellence, a pour seul objet de se ressentir comme moi au travers d'expériences-alibis. Un narcissique qui aurait du pouvoir, par exemple, ne chercherait pas à en faire quelque chose de positif; tout ce qu'il veut est d'affirmer sa puissance, l'objet importe peu, n'étant qu'un relais à l'individu pour se sentir exister.*

La voie qu'a choisie Narcisse, dans le livre de Hesse, est donc sans issue, bien qu'on ne puisse réduire ce personnage, au narcissique pur, puisque, chez ce dernier, la « volonté de puissance » a pour seul objet de se vouloir comme puissance, donc comme volonté pure.

Ce que Hesse condamne, en fin de compte, est le narcissisme intellectuel: l'art pour l'art, le culte de l'intelligible pour lui-même. Dans le Jeu des Perles de Verre *le parcours du narcissisme intellectuel est exploré à son tour comme solution à la quête de soi. Ce n'est pas la réponse que Hesse préconise car seule la synthèse du sensible et de l'intelligible permet à l'individu immergé dans le sensible de se dépasser, dans ce que toutes les religions appellent le divin, et que Hesse appellerait le Tout, l'univers, la nature, l'éternel. Et comme toujours chez Hesse, il y a dans cette réconciliation des opposés quelque chose qui s'apparente à la magie et qui nécessite comme un retour à l'innocence de l'enfance où contemplation et action s'intègrent harmonieusement pour faire sens de ce que le réel, plus tard, séparera.*

Je ne voudrais pas terminer cette présentation du message philosophique de Hesse face aux grands problèmes du siècle sans signaler brièvement certains repères de sa vie.

Hesse est né en 1877 dans une petite ville de la Fôret Noire, Calw, qu'il a souvent dépeinte dans ses livres sous le nom de Gerbersau. Les parents de Hesse ont été des missionnaires protestants aux Indes. Le contraste des caractères de ses parents évoque l'opposition du « monde de la mère » et du « monde du père ». Ce dernier est celui de l'autorité, que l'ont sait très contraignante dans le protestantisme par l'intériorisation du devoir qu'il en fait. La mère représente l'indulgence et la sensibilité. Très vite, Hesse se rebellera. Il s'enfuira du Séminaire Théologique de Maulbronn (Mariabronn dans Narcisse et Goldmund*) pour être rapatrié comme apprenti à Calw, avant de devenir aide-libraire à Bâle. Il passera d'ailleurs le reste de sa vie en Suisse. Rejeté par les Allemands à la suite de ses positions pacifistes durant la Première Guerre Mondiale, il traverse l'une des grandes crises de sa vie. Il en revivra une autre dans les années 1924-26 avec l'effondrement de son mariage accompagné d'une grande dépression. Il pense au suicide. Un second mariage, raté lui aussi, mais bref, suivra, avant qu'il ne rencontre sa troisième épouse qui l'accompagnera durant les trente dernières années de sa vie.*

Mondialement reconnu, Hesse jouira d'une gloire posthume sans précédent aux Etats-Unis où la jeunesse verra dans ce contestataire indomptable le garant de ses révoltes. Il y aura vingt millions de ses livres qui y seront vendus, donnant ainsi à son œuvre une résonance mondiale que peu d'écrivains ont connue, qui traduit ainsi géographiquement l'universalité et la grande profondeur à laquelle son nom restera associé.

Hesse est mort en 1962, dans la partie italienne de la Suisse.

Chronologie

1877	Naissance de Hermann Hesse à Calw, une petite ville du Würtemberg. Il est le second enfant de Johann Hesse et de Marie Gundert.
1891-92	Hesse est envoyé au séminaire du cloître de Maulbronn (Mariabronn, dans *Narcisse et Goldmund*).
1892	H.H. s'enfuit du séminaire.
1892-95	H.H. exerce divers métiers.
1895-98	Apprentissage de librairie à Tübingen.
1899-1903	Libraire à Bâle.
1901	Publication de son premier livre : *Hermann Lauscher*.
1904	*Peter Camenzind*. Mariage avec Marie Bernoulli.
1906	*L'Ornière*.
1910	*Gertrude*.
1914	*Rosshalde*.
1915	*Knulp*.
1916	Mort du père de H.H.
1919	*Demian*. H.H. s'installe seul à Montagnola dans le Tessin (Suisse) où il passera le restant de ses jours.
1920	*Le dernier été de Klingsor*.
1922	*Siddharta*.
1924	Deuxième mariage qui ne durera que deux ans.
1927	*Le Loup des Steppes*.
1930	*Narcisse et Goldmund*.
1931	Troisième mariage. Il se met à ce qui deviendra *Le Jeu des Perles de Verre*.
1943	Publication du *Jeu de Perles de, Verre*.
1946	Prix Nobel de Littérature.
1962	Hermann Hess meurt dans sa maison de Montagnola.

Chapitre 1
Siddharta, ou Le modèle du Sage

1. L'œuvre et son sens par rapport à la pensée hindoue

La place qu'occupe ce roman dans l'ensemble de l'œuvre de Hermann Hesse est centrale et peut lui servir d'introduction à plus d'un titre. Il est court, de construction simple, mais il permet, par sa profondeur, de pénétrer d'emblée au cœur de la pensée de Hesse.

Il faut bien se rendre compte des raisons premières qui ont assuré à *Siddharta* l'impact considérable qu'il a rencontré. Face à une société dominée par le pessimisme et l'hyperrationalisme, Hesse nous offre une solution. A l'époque de sa parution (1922), comme plus tard aux Etats-Unis où le roman a connu un succès prodigieux, l'univers est perçu comme absurde; l'homme et la société subissent la fragmentation, les institutions apparaissent vidées de signification. Les seuls faits vraiment indiscutables sont en fin de compte que chacun d'entre nous est isolé de l'autre et que nous sommes tous condamnés à mourir tôt ou tard. Et ces faits-là suffisent à rendre absurde notre existence, quels que soient nos actes individuels ou collectifs. Bien que les réponses qui sont nées de ces « faits » se soient échelonnées du nihilisme suicidaire aux efforts les plus héroïques pour ériger de nouvelles fondations sur le sable mouvant de valeurs introuvables, peu ont pu nier la validité des prémisses de départ, dans leur pessimisme même.

Pour Hesse, par contre, l'univers forme un tout harmonieux dont l'homme fait partie intégrante. Ce qui est absurde est de vouloir se concentrer sur le Moi et de se considérer comme pur individu. On ne peut certes pas mettre en question le fait que l'individu est isolé par bien des aspects importants des personnes qui lui sont le plus proches, encore moins que la mort l'attend au bout du chemin. Mais l'essentiel en chacun d'entre nous n'est pas cette individualité mais bien davantage le fait que nous soyons reliés à la Totalité.

Ce qui illustre le mieux cette réalité est l'épisode dans lequel Siddharta évoque la métaphore de la pierre. Dans un premier temps, il considère la pierre comme une simple pierre. Mais il réalise ensuite que le changement continuel de cette masse en énergie et inversement, fait en sorte que la pierre peut devenir autre chose qu'elle-même et prendre ainsi la forme d'autres objets. Finalement, il se rend compte que cette pierre « a depuis longtemps été tout et sera toujours tout ». En d'autres termes, la pierre est potentialité par rapport à tout ce qu'elle aurait pu être, par rapport à tout ce à quoi elle a participé dans le passé, au niveau de la plante, de l'animal et de l'homme. Et elle a également ce potentiel d'être par ses usages futurs. Etant donné l'infinité du temps, elle peut devenir n'importe quoi dans l'univers. Bref, la distinction entre ce qui *a été*, ce qui est *étant* et ce qui *devient* est artificielle et arbitraire : la pierre est maintenant tout ce qu'elle a été et tout ce en quoi elle est susceptible de se tranformer.

Et il en va de même pour l'homme. Quand Govinda embrasse le front de Siddharta, il entrevoit mille personnalités, humaines et animales, qui coulent de ce visage qui est devenu comme la surface de cette rivière où Siddharta s'est tant recueilli et a tant appris.

Pourtant, Siddharta le fait bien remarquer, la pierre *est* une pierre, individu unique et concret au même titre qu'elle est renvoi à bien des possibles. C'est en ce sens-là que chaque Moi *est* existence. Ni la mort, ni l'isolement, ni la souffrance ne sont illusion. Mais ces défaites ne sont qu'une partie de la réalité. Au-delà de ces Moi, il y a l'univers auquel ils appartiennent, avec lequel ils sont en communion et duquel ils émergent. Nous ne sommes donc pas limités à un seul rôle, cantonnés à une personnalité unique ou univoque, pas même comme simple *personne physique* (Siddharta devient six hommes). Nous devons reconnaître que nous sommes *déjà* ce que nous essayons d'être, que le futur, comme le passé, est dans le présent, et que *l'éternité, c'est maintenant*.

Ce message peut paraître obscur, paradoxal ou simplement trompeur à plus d'un égard. Même Siddharta avoue que les mots traduisent de manière peu adéquate sa vision qu'il a du bonheur. Mais cette joie, cette certitude que le ton de Hesse rend si proche de l'apaisement, les allusions nombreuses à l'Orient et à une autre culture qui semble pouvoir offrir des solutions au désespoir de l'homme moderne, *occidental*, ont suffi pour éveiller chez le lecteur une émotion profonde dès la parution de *Siddharta*, comme, je l'imagine, ce livre le fait encore aujourd'hui.

Bien que Hesse donne l'impression de présupposer de son lecteur des connaissances particulières sur l'Orient, il apparaît bien vite qu'il n'en est rien. Lui-même a d'ailleurs fait observer le caractère rudimentaire de sa propre information en ce domaine qui l'a pourtant fasciné en son temps. Après avoir écrit le début de *Siddharta*, où cette terminologie puisée à la source d'une autre culture est la plus manifeste, il nous dit:

> «Je devais rappeler et approfondir mes souvenirs d'une vie d'ascétisme et de méditation avant que je puisse à nouveau trouver mon chemin dans l'univers de la pensée hindoue que j'avais trouvé sacré et à la fois si proche depuis ma jeunesse»[1].

En fait, la terminologie n'est pas un obstacle pour apprécier et comprendre l'essentiel du roman. Premièrement, les références de cet ordre n'abondent pas. Deuxièmement, il faut bien voir que Siddharta *rejette* les doctrines de l'Hindouisme et du Bouddhisme, ce qui explique que la terminologie propre à ces conceptions n'apparaissent que dans le premier quart du livre où ce rejet s'effectue. On peut aussi y voir l'indication que Hesse estime que les voies de la réalisation du spirituel sont beaucoup plus simples. Le lecteur peut donc considérer que son sentiment face aux complexités vastes et subtiles évoquées par ces concepts venus d'ailleurs est nécessaire au succès même de cette phase du roman: Siddharta, aussi, est intrigué et bloqué quand il est confronté au devoir d'étudier et de se soumettre à des maîtres, ainsi qu'à l'importance de l'information et du savoir. Le lecteur non initié partage ainsi la confusion de Siddharta.

Toutefois, une connaissance élémentaire du Brahmanisme peut mettre le lecteur plus à l'aise et mettre en évidence les aspects de cette religion que Hesse connaît, apprécie et avec lesquels il est le plus en accord. *Siddharta* est un roman qui se situe à un moment crucial de l'histoire de l'Inde, environ cinq cents ans avec Jésus, lorsque Gotama Bouddha a de plus en plus de disciples. Siddharta appartient à la classe supérieure hindoue, la caste des prê-

---

[1] Cité dans B. Zeller, *Hesse*, p. 92 (Rowohlt, Hamburg, 1963).

tres, qui a parfois été considérée comme supérieure à celle des rois et des princes. S'il avait vécu normalement, il aurait tout d'abord été un étudiant des *Védas*, les écritures saintes de sa religion. Ensuite, comme son père, il se serait marié, aurait eu des enfants et une maison, pour finir par devenir ermite. Sa vie se serait alors achevée comme mendiant.

Au début du livre, Siddharta est dans la première phase : il est étudiant, un rôle qui requiert qu'il assiste à des discours et se livre à des discussions sur la religion. L'ouvrage central, les *Védas* (ce qui signifie « savoir ») présente plus de cent livres de légendes, de poésie, de philosophie. Une de ses composantes sont les *Mantras* ou hymnes, parmi lesquels on trouve les *Rig-Védas*. Les *Upanishads* forment les dernières sections des quatre *Védas*. Ils sont quelque peu mystiques, parfois philosophiques. On les a condensés dans le *Bhagavad-Gita*. Les *Upanishads* constituent l'essentiel des *Vedanta Soutras*, à partir desquels, pour l'essentiel, la pensée hindoue a évolué.

La doctrine centrale des *Upanishads*, et qui joue un rôle important dans le roman, est l'équation qui est faite entre *Atman* (le Soi) et *Brahma* (l'Univers), sur laquelle je reviendrai. Remarquons qu'après son rejet des Samanas, Siddharta abandonne les *Atharva-Védas* et les *Yoga-Védas*, à savoir une variété d'incantations de formules magiques, etc., ainsi que le recours à la pratique du yoga (les *Yoga-Védas* n'existent pas) comme exercice de pouvoirs mystérieux sur la nature. Cela signifie, en réalité, que Hesse met l'accent sur la volonté des Samanas d'agir magiquement plutôt que sur leur désir d'atteindre le *Nirvana*, l'extase suprême qui est un but beaucoup plus noble.

Quant au fait que Siddharta utilise la syllabe *Om* comme un *mantra* (elle ouvre et conclut toutes les prières brahmanes), il faut noter qu'il s'agit là d'une parole que la rivière murmure à un moment crucial dans la conclusion du livre. Les trois lettres (en fait A-U-M) symbolisent les trois *Védas* les plus importants, les trois éléments de l'univers, les trois dieux Brahma, Vishnou, Shiva; bref, le mot *Om* résume à lui seul tout l'hindouisme. Hesse l'emploie pour indiquer sa préoccupation à l'égard du principe d'unification des choses. Dans le chapitre de même nom, «Om», Siddharta, en écoutant dans les sons de la rivière toutes les voix possibles, se rend finalement compte qu'elles fusionnent en une seule mélodie: «le chant grandiose de ces mille voix ne prononçait qu'un seul mot: Om — la perfection».

Ce sens de l'unité est encore présent lorsque Hesse se réfère à *Atman* et *Brahma*. Pour exprimer les choses le plus simplement possible, Hesse veut signifier par son roman que l'homme et l'univers relèvent d'une seule et même réalité et ne sont pas deux substances. Dans la première partie du livre, Siddharta est surtout animé par *Atman*, c'est-à-dire le Moi, la subjectivité et la particularité appelée «Siddharta». Chez les Samanas, il fait tout pour s'empêcher de découvrir le *Brahma* qui lui semble représenter la totalité du monde objectif existante au-dehors de Soi, et dont il se sent isolé de manière vitale. Il se trompe. *Brahma* l'inclut et cela a toujours été ainsi, car il est le principe même qui anime l'univers, tel l'Elan Vital, la force qui meut toute chose et fait en sorte que l'univers est harmonieux comme totalité et comme unité fait d'une seule réalité qui le définit entièrement. La réalité ultime est subjective-objective, *Brahma-Atman.* En prenant conscience de cette identité, le Brahmane, le Samana atteignent — et Siddharta également — le *Nirvana*.

2. L'histoire de Siddharta

Arrêtons ici les remarques préliminaires et entrons dans l'œuvre même.

La trame en est facile à résumer: Siddharta, un jeune Brahmane, part à recherche de la vérité avec son ami Govinda. Il abandonne la communauté où vivent ses parents et renonce à la pratique religieuse pour devenir un mendiant et un ascète errant, bref, un Samana. Ensuite, ils quittent tous deux les Samanas pour aller écouter Gotama Bouddha. Alors que Govinda est impressionné par Boudhha au point de se convertir, Siddharta en arrive, lui, à la conclusion que rien ne peut venir d'un maître et il se tourne alors vers l'homme de la quotidienneté afin de trouver la réponse à sa quête.

Il rencontre une prostituée, Kamala, qui l'initie à toutes les formes de l'érostisme (tout le *Kama-Soutra* y passe!). Elle le présente à un riche marchand, Kamaswami, qui fera de Siddharta un homme riche et honoré, grâce au fait que Siddharta fait de sa connaissance de la religion une occasion de profits. Mais il n'est pas heureux pour autant: non seulement il a l'impression de mener une vie étriquée mais il se sent isolé quand il est avec des gens tels que Kamaswami, il est comme étranger et vit sans amour. Dégoûté par la vie qu'il mène, par le jeu auquel, en plus du reste, il a commencé de s'adonner, Siddharta décide de partir, de tout quitter, son foyer ainsi que Kamala qui, sans le lui dire, attend un enfant de lui.

Siddharta va finalement atteindre son but, au moment où il s'associe à Vasudeva, un modeste passeur sur la rivière. L'évolution de Siddharta va se dérouler en deux phases. Il commence par souffrir intensément quand il découvre qu'il a un fils et que celui-ci le rejette. Il s'identifie alors au reste de l'humanité par ce malheur qui le frappe, lui qui se sentait si supérieur aux autres hommes. Il va trouver la sagesse, toujours aux côtés de Vasudeva, au bord de la rivière, en réalisant qu'il lui faut dépasser son Moi et les troubles qui s'en sont emparés, en se mettant en communion avec l'univers entier. Lorsque, au terme de cet itinéraire, Govinda le retrouve, Siddharta a acquis une dimension nouvelle, une quiétude quasi divine.

On sent bien qu'un tel livre s'adresse surtout à ceux qui recherchent une certaine paix intérieure, en dépit des moments dramatiques qui ponctuent le livre. On pense à la confrontation de Siddharta avec son père, à sa conquête des Samanas, à sa prise de conscience soudaine lorsqu'il quitte Bouddha et Govinda, à sa volonté de se sucider lorsqu'il quitte Kamala et Kamaswami et, finalement, à son amour désespéré pour son fils. Et pourtant, la manière dont ces épisodes sont présentés, la texture émotionnelle des incidents qui les entourent, le rythme même des phrases avec les passages pleins de poésie et d'images qui ont pour but de ralentir l'action, font en sorte que le lecteur éprouve une sorte de tranquillité. Les événements comme les personnages se situent dans un espace lointain, un peu hors du temps. Les relations internes à l'histoire n'ont rien de conflictuel. Il n'y a même aucun conflit intérieur qui s'empare du héros, ce que l'on trouvera pourtant dans des œuvres ultérieures, *Le loup des steppes* et *Narcisse et Goldmund*.

Point de conflit, donc, mais à la place une force, qui est vraiment le moteur de l'histoire : la recherche de ce que l'on est. Comme Hesse l'observe dans le *Traité du loup des steppes*, «les héros des épopées de l'Inde ne sont pas des individus mais des chapelets d'individualités qui s'égrènent dans une série d'incarnations». Ceci ressemble à ce qui se passe dans *Siddharta*. L'individu qui ouvre la série est le fils érudit d'un Brahmane, qui connaît tout de la théologie et des disciplines qui régissent la secte. Siddharta, comme Brahmane, n'y trouve guère la réalistion de soi qu'il en espérait. Siddharta-le-Brahmane disparaît et un nouvel individu émerge : Siddharta-Samana. Comme ascète, il essaye de détruire son Moi par la privation et les techniques de méditation qui créent une empathie impersonnelle avec les choses éternelles. Une fois encore, c'est l'échec. Il abandonne alors la recherche de la connaissance, auprès de maîtres qui sont censés le lui enseigner pour trouver appui dans l'expérience elle-même. Et d'autres individualités s'enchaînent alors : Siddharta devient un sensualiste en s'attachant l'une des courtisanes les plus accomplies de l'Inde. Ensuite, il se mue en homme d'affaires et de pouvoir. Tous ces Moi ne sont pas *le* Moi, cette identité profonde de soi avec soi qu'il s'était promis de trouver. Il quitte encore une fois tous ces rôles et un nouveau Siddharta en sort, celui-qui-aide-le-passeur-Vasudeva. Il approche alors du terme de son itinéraire intérieur, à la suite d'une ultime expérience qui détruira encore un Moi qui était né en lui, Siddharta-le-père, qui est crucifié par un amour sans réciprocité. Et cette individualité-là succombe à son tour.

A travers cette succession rapide de Moi — l'érudit, l'ascète, le jouisseur, l'homme d'affaires, le travailleur, le père — c'est le temps lui-même qui cessera de définir l'existence de Siddharta. Il sera simultanément tout ce qui est parce qu'il sera, tout simplement. Le Moi de Siddharta est l'univers, tel que Govinda le voit s'épanouir en lui : « d'autres visages, beaucoup de visages, une longue suite, un flot continuel de visages, des centaines, des milliers qui tous ont surgi pour disparaître, et qui finalement semblent tous être présents au même instant qui tous se modifient sans cesse pour se renouveler, et qui pourtant sont tous Siddharta ».

Bref, Siddharta meurt et vit à travers six Moi distincts, deux incarnations à chaque niveau social selon un ordre descendant. La fin du roman se présente comme la synthèse de ces Moi, de tous les Moi possibles que l'on peut être ou plutôt avoir, et partant, comme la transcendance du Moi en tant que réalité isolée, soumise à la destruction du temps, ce qui nous élève de l'empirique que nous renfermons tous à un au-delà de nous-même, à la divinité, et mieux encore, à l'Etre même.

On peut expliquer le fait que l'intrigue se déroule sans conflit par la structure du livre. Bien que Hesse le divise en deux parties, en réalité, on y trouve trois sections de quatre chapitres chacune.

Dans la première, Siddharta rejette une vie seulement préoccupée par les choses de l'intellect. Dans la seconde, ce sont les sens qui seront finalement remis en question. Dans la troisième, l'expérience de la souffrance fait accéder Siddharta à la réalité universelle ultime, symbolisée par la rivière, qui lui permet de saisir la totalité, donc en un certain sens, de coïncider avec elle. Cette structure est dépourvue de conflits alimentant la narration, à l'inverse de ce qui se passe dans *Le loup des steppes* où le héros est continuellement déchiré de manière évidente entre les sollicitations les plus contradictoires que lui offrent la vie de l'intellect et la vie centrée sur le sensible. Siddharta les goûte *successivement*.

Ces deux mondes ne se pénètrent pas, et le roman reste donc comparativement plus simple du point de vue émotionnel.

3. Structure de l'œuvre. De la thèse à la synthèse

Ce mouvement triadique va continuer à me servir de fil conducteur pour le reste de l'analyse dans ce chapitre, afin d'isoler les valeurs sous-jacentes et de mettre en évidence la dynamique du sens chez Hesse.

A. La première section (ch. I-IV) nous montre ce qui pousse Siddharta à rejeter la vie d'intellectuel, par le refus de trois grandes tactiques intellectuelles: 1) le Brahmanisme; 2) l'ascétisme samanique et 3) le Bouddhisme. Le quatrième chapitre voit la mort de Siddharta comme intellectuel et sa renaissance par l'immersion dans les joies des sens purs. La critique du brahmanisme revient à mettre en question la famille et la classe sociale comme vérité de l'individu. Il se rend compte très tôt dans sa jeunesse, avant ses vingt ans en fait, que les parents et les amis ne lui suffisent pas pour se trouver. Il cherche dans la religion et la philosophie brahmanique la paix intérieure, la satisfaction et la plénitude. Le rituel l'apaise mais il ne peut accepter tout ce qui en forme l'arrière-fond théologique, comme tous ces dieux qu'on y trouve. Siddharta voit dans l'Etre une réalité unique, pour laquelle il doit y avoir un principe. Ce principe d'homogénéisation du réel en tant que totalité réside aussi en lui forcément. Mais comme il ignore ce qu'est ce Soi qu'il faut chercher, ni même comment y accéder autrement que par le sommeil ou par la méditation, il voit bien que, tout comme les autres brahmanes, il se débat, pèche et souffre. Ce qu'il veut est la paix de l'âme à chaque instant, et les brahmanes ne peuvent lui procurer cette béatitude indispensable qu'ils ne connaissent pas eux-mêmes.

Aussi Siddharta poursuit-il sa quête chez les Samanas, plutôt que de vivre dans le confort dans lequel évoluent les prêtres. Il se met à jeûner mais continue de se pencher sur le reste de l'humanité avec un froid mépris. Au lieu de vouloir la paix en *se* cherchant, il ne fait que se détruire le mieux qu'il peut, croyant par là que l'être des choses lui sera révélé par l'opposition à son Moi. C'est ainsi qu'il devient, par le Yoga, « animal, carcasse, pierre, bois, eau ». Mais chaque fois, il retrouve sa personnalité qu'il ne peut évacuer que temporairement. Finalement, Siddharta se rend compte que la fuite devant ce que l'on est ne peut être davantage qu'une sorte d'anesthésie, telle qu'on peut se la procurer par une nuit de beuverie. En tout état de cause, la vérité ne peut jamais s'apprendre et même, pour celle qu'il cherche, son pire ennemi est le maître qui prétend la savoir et l'inculquer.

Aussi, quand Siddharta et Govinda quittent les Samanas, Siddharta est déjà parvenu à l'intuition fondamentale qui résume la première section. Sa remise en question de la religion bouddhique accentue encore la futilité d'une recherche de la vérité qui se résume à la « trouver » toute faite ailleurs, c'est-à-dire à vivre sa vérité comme une pure intellection de ce qui existerait déjà. Quand il discute avec Gotama Bouddha, Siddharta admet que le grand Bouddha, de tous les hommes, a trouvé ce que lui-même poursuit. Il s'en est tout de suite rendu compte en voyant le sentiment de paix qui se dégageait de lui, par l'intime conviction qu'il manifestait de savoir ce qui est vrai et de pouvoir le départager de ce qui ne l'est pas. S'il a tout de suite estimé, et même aimé, le Bouddha, Siddharta a cependant réalisé qu'il ne pouvait lui *enseigner* comment il était devenu ce qu'il était, même s'il était devenu le plus grand Maître que l'humanité ait connu jusqu'alors.

Au chapitre quatrième, Siddharta se tourne vers les sens pour trouver sa voie : son problème avait été l'isolement et son seul souci son petit Moi d'individu autonome. C'était folie que de vouloir se réaliser en se fuyant. D'où sa résolution de s'explorer : « je vais apprendre de moi-même, être mon propre élève, et j'apprendrai par moi-même le secret de Siddharta ».

En somme, il s'agit de passer de l'*enseignement* à l'*expérience*, toujours pour apprendre. Comme il le dira plus tard dans le livre, la *sagesse* par la *vie* plutôt que le *savoir* par l'*enseignement* est ce qui va le guider. Immédiatement, la beauté de la nature qu'il ne pouvait voir quand il était brahmane ou samana s'impose à lui et il comprend « que le sens et la réalité des choses n'est pas derrière les choses, mais dans les choses mêmes, en totalité ». Après une phase de désespoir qui suit sa rupture avec le passé, Siddharta passe à un autre moment de sa quête.

Indépendamment du développement thématique de cette première partie, remarquons que le problème de Hesse est qu'une mise en scène d'une existence tout entière centrée sur l'intellectualité se prête mal à des dramatisations qui feraient évoluer le récit. Celles qui, telles les confrontations de Siddharta avec son père ou le chef des Samanas, pourraient avoir un effet émotionnel sur le lecteur, sont rares. Quant aux incidents qui ponctuent la narration, ce sont surtout des discussions avec Govinda ou Bouddha ou encore, des monologues intérieurs qui soulignent l'évolution de la philosophie de Siddharta. Son existence concrète, chez les Brahmanes ou les Samanas, est plus esquissée que réellement décrite. On trouve également peu d'images; elles se réduisent à la rivière tropicale chez les Brahmanes, la douleur et les réincarnations animales chez les Samanas, les réunions dans le jardin du plaisir de Bouddha et l'explosion d'images dans la description de la nature qui se situe au moment où Siddharta s'éveille à soi.

A côté des épisodes, les personnages autres que Siddharta sont eux aussi surtout ébauchés. Govinda, par exemple, fonctionne comme alternative aux idées de Siddharta. Il est loyal, aimant, passif et pas trop compliqué, ce qui fait qu'il ne se pose pas trop de questions, juste celles qu'il faut. Le père de Siddharta ne manque ni de force ni de personnalité. Il est équilibré, calme et gentil, mais il se révèle têtu et même brutal dans sa colère lorsqu'il s'agit de son fils. Il lui cède cependant, en fin de compte, par crainte et tristesse. Mais Hesse ne lui accorde qu'une seule page dans le livre! Le vieux Samana, lui, est malveillant, volontaire et plutôt stupide, mais Hesse passe encore moins de temps à le décrire que le père. Bouddha ne semble pas différent de ses écritures: on dirait qu'il parle comme un traité de théologie.

Seul Siddharta a de l'épaisseur. L'incident avec son père nous le montre à la fois doux et ferme. Sa victoire sur le Samana le dépeint doté d'une grande volonté, combinée avec des talents occultes tout à fait rares qui préfigurent ses succès futurs. Ses conversations avec Govinda et Bouddha nous le font voir comme un jeune homme totalement engagé intellectuellement, et assez expert pour mener à bien un tel débat.

Les monologues intérieurs sont également d'un grand intérêt, surtout celui qui domine le quatrième et dernier chapitre de cette section. Les monologues précédents nous présentent son inquiétude de départ, ses nombreuses questions et sa soif des réponses ultimes; ensuite, son détachement croissant à l'égard des Samanas et son ascétisme obsessionnel, le scepticisme qui va en sortir, son humour délicatement ironique, sa maîtrise de soi avec l'Ancien chez les Samanas, sa timidité, son assurance croissante et son respect devant Bouddha.

Mais le dernier monologue, qui marque de manière «dramatique» le réveil de Siddharta, se développe en rupture avec tout ce qui précède car il indique à quel point ce qui caractérise *Siddharta* est la quête spirituelle. Ce quatrième chapitre débute par une réflexion qui s'approfondit en une méditation mystique, débouchant ensuite sur deux grandes idées qui paralysent Siddharta à l'issue de son entretien avec Bouddha. La prise de conscience commence par un sourire, un rythme plus soutenu dans le pas, et un fort sentiment d'euphorie en réponse à la luxuriance de la nature. Cette euphorie trouve son point culminant dans la prise de conscience, dans le réveil de Siddharta, qui réalise par la compréhension soudaine qu'il est seul et qu'en un certain sens quelque chose d'irrémédiable s'est achevé. Cela produit en lui un «frisson glacial» et «il tremble de l'intérieur comme un petit animal». Coupé de Govinda, de son père, de sa famille, et même des Samanas, il en éprouve un désespoir croissant, il se voit dans une situation terrible. Il n'en continuera pas moins son chemin : «à ce moment, quand le monde autour de lui se fut évanoui, quand il fut seul telle une étoile, dans le ciel, il se retrouva comme glacé par un soudain sentiment de désespoir, mais il était lui-même plus que jamais. Ce fut le dernier soubresaut de son réveil, les dernières douleurs de l'enfantement».

B. Des trois sections, c'est la seconde qui contient le moins d'aspects émotionnels ou intellectuels, car Siddharta se retrouve dans ce qu'il est convenu d'appeler «notre monde», un univers où l'on côtoie aussi bien les prostituées que les hommes d'affaires. A la faveur d'expériences totalement étrangères pour lui, Siddharta va ressentir un sentiment d'étrangeté croissante. Sa surprise même et sa naïveté nous le rendent plus proche que son intellectualité antérieure, même quand elles se teintent d'un désespoir profond et se muent en une insensibilité qui devrait l'écarter de nous. Cependant, malgré les apparences de familiarité de l'expérience qu'il vit, Siddharta conçoit le réel autrement : il rejette en fait «notre monde» pour des raisons qui font l'essentiel de cette seconde section.

Celle-ci renferme certainement une plus grande variété d'épisodes que la première section. La narration n'en est pas plus complexe pour autant, car les événements y sont résumés rapidement. On en trouve cependant certains qui, par le dialogue et l'imagerie, confèrent à la section une plus grande épaisseur. Ainsi en va-t-il de l'extase sensuelle face au spectacle de la nature, du rêve érotique de bisexualité que fait Govinda, de la rencontre avec Vasudeva et de celle, profondément érotique, avec la jeune paysanne. On pourrait encore rapprocher ces épisodes de la rencontre de Siddharta et de Kamala, de l'entretien avec Kamaswami et de l'étonnement de ce dernier devant l'absence d'avarice de Siddharta, sans parler du point culminant de sa relation amoureuse avec Kamala. Et par après, il y a le contraste tout aussi frappant du dégoût de soi qui s'empare de Siddharta pour avoir mené une vie tout entière centrée sur la réussite, et il y a alors le départ du jardin des plaisirs. Tout cela s'achève sur le chapitre très fort qui termine la deuxième section, qui voit un Siddharta proche du suicide; ce qui symbolise en fait la mort de Siddharta-le-jouisseur, l'homme du seul monde sensible, caractérisé avant tout par les passions et les intérêts. D'où la troisième figure, celle d'un Siddharta neuf pour ainsi dire, qui nous le rend encore plus familier, lui comme cette Inde mystérieuse. Tout devient plus humain et plus concret, par la plus grande richesse des scènes et du personnage. Car, il faut bien le dire, Vasudeva nous laisse une impression de simplicité, quoique agréable. Quant à la paysanne, c'est un vrai petit animal fait pour l'amour, expert dans les positions amoureuses les plus exotiques, tel «l'arbre grimpant». Kamaswami est plus une caricature d'homme d'affaires qu'un personnage à part entière. Il est typé en ce qu'il est dépeint comme malin, vif, sensuel et méprisant des aptitudes intellectuelles, jusqu'au jour où il voit Siddharta les mettre en œuvre avec succès. Il est étonné, et un peu perturbé de constater que Siddharta se refuse à renoncer au plaisir pour le travail. Il est d'ailleurs toujours angoissé par les problèmes commerciaux les plus ridicules. Sa déconfiture présente un aspect comique dans un livre qui, par ailleurs, est étranger au genre.

Et il y a les protagonistes secondaires qui reçoivent une large place comme Kamala au nom suggestif puisque *Kama* veut dire les sens (*Kama-Soutra*) et symbolise le dieu de l'amour. Vasudeva vient juste après Kamala en importance, et cela pour la raison suivante, donnée par Hesse lui-même : «Avec Kamala se trouve ce qui fait la valeur et le sens du présent, et ce n'est pas le commerce de Kamaswami». La première rencontre avec la belle et l'intelligente courtisane le séduit : «Sous ses cheveux noirs relevés, il vit un visage lumineux, très doux et plein d'intelligence, de belles lèvres rouges comme une figue que l'on viendrait de couper, des cils pleins de grâce soulignés par une arche qui les surmonte, des yeux noirs, malins et attentifs, et ensuite un cou si clair et si fin, au-dessus de sa robe verte et d'or». Elle n'est pas le mal que l'on trouve dans le monde matériel. Elle est bien une courtisane, au service des riches notables, et à ce titre elle se soucie bien évidemment de son image qui lui procure l'argent et le statut. Mais si l'on garde présent à l'esprit le sens du roman, elle représente bien davantage : elle est l'observatrice froide des passions de Siddharta et de son évolution, elle est sensible et lui assure l'interaction et les remarques d'ordre privé qui contribuent à cet épanouissement. En fait, elle comprend Siddharta «mieux que Govinda ne l'a jmais fait». Elle réalise avant Siddharta même, qu'il sera toujours à la recherche d'un quelque chose, d'un au-delà de ce que les gens comme Kamaswami peuvent vouloir, et que pour cela il partira un jour. Kamala possède une indéniable envergure. Durant leur première rencontre, elle provoque ce «stupide Samana venu de la forêt»; pourtant, elle va le respecter tout de suite car il lui apparaît vite semblable à elle. Leur force et leur indépendance à l'égard d'autrui viennent de ce qu'ils possèdent de plus précieux et qu'ils ne doivent qu'à eux-mêmes ; et c'est leurs talents qu'ils sont seuls à maîtriser : la pensée, pour lui ; l'amour, pour elle. Il lui retourne le compliment ; elle est certes comme lui, et même comme Bouddha, car elle est de ces êtres rares qui, pareils à des étoiles, suivent un seul chemin : le vent ne les atteint pas, ils savent ce qui les guide et pour cela se donnent leur propre trajectoire. Il convient cependant d'être prudent à la lecture de telles louanges, car l'on sait ce que Hesse pense en fin de compte d'un Siddharta qui s'assimile à l'homme de la rue. Il n'en est pas moins attiré par ce qu'il représente et ce qu'il désire, lorsque l'on prend conscience du rôle important que prend Kamala dans le livre, second personnage après Siddharta lui-même. Elle a trop de caractère pour se contenter d'une simple existence de courtisane et c'est elle, d'une certaine manière, qui lui fait comprendre la futilité d'une vie comme la sienne qui ne serait que jouissance des sens, qui crée « l'ennui d'avoir à poursuivre un cheminement long et sans but ». Elle le suit dans son éloge de Bouddha pour finalement se convertir. Quand Siddharta la quitte, enceinte, elle a cessé d'être une courtisane. Mais elle mourra.

Quant à Siddharta, il se développe en lui une combinaison subtile de naïveté et d'euphorie presque infantile à l'égard des gens et de la nature, et aussi d'intelligence qui, par contraste avec Kamaswami, en fait l'*intellectuel inutile* par excellence. Le paradoxe est qu'il se révèle très adapté aux problèmes pratiques, en ce qu'il ne lâche pas le but tant qu'il ne l'a pas atteint. Siddharta exerce ses vertus éminemment opérationnelles dans un climat de légèreté et d'irresponsabilité qui est peu courant dans le monde des affaires, mais elles sont à la base de toute victoire. Mais plus fascinantes encore sont les défaites. Elle surgissent dès le milieu de la seconde section. On y voit un Siddharta manifestant un détachement artistocratique, que partage Kamala, mais qui l'isole du reste de l'humanité, qui le coupe peu à peu de tout sentiment et par suite de l'amour lui-même. Il se spécialise littéralement «en passion et en pouvoir», c'est-à-dire qu'il ne s'intéresse plus qu'à la recherche de l'érotisme le plus poussé et qu'à l'argent. A mesure qu'il devient étriqué, il est envahi par une désillusion croissante, et c'est la nausée qui finit par s'emparer de lui.

Et c'est là la seconde étape de son développement, que Hesse prépare lentement et fort progressivement: l'amitié, le sentiment de perdre le sens de la discipline intérieure des Samanas, la supériorité moqueuse qu'il adopte à l'égard des autres, son appauvrissement qui le fait régresser dans une sorte d'angoisse infantile, d'isolement et de lassitude, son irritabilité et ses poses artificielles, bref «ses expressions de mécontentement, de malaise, d'oisivité, le manque d'amour... la maladie de l'âme de ceux qui ont la richesse».

Hesse insiste beaucoup sur les moments qui précèdent celui, décisif, qui voit la nausée saisir Siddharta: d'abord le jeu, qui a l'effet d'une drogue, tout cela pour éveiller en lui «une sorte de bonheur, d'excitation, comme pour rehausser une existence insipide, sans chaleur, où tout est là à satiété». Plus d'argent pour jouer encore davantage, plus de dureté aussi envers les autres, s'ajoutent à ce que la drogue produit d'épuisant que sont le vieillissement et la diminution physique.

Quand la nausée le frappe de plein fouet, Siddharta est voué à mourir «en chaîne» si l'on peut dire. C'est une fin de partie avec le monde qu'il maîtrisait, un renoncement à la possession, et aussi la mise à mort du Samana qui restait en lui. Il se rejette lui-même: «Y avait-il eu une souillure qui ne l'avait atteint, un péché ou une folie qu'il n'avait pas commis, une seule tache de son âme dont il n'avait pas été coupable ? » Mort spirituellement, il se tourne vers la mort physique : « puissent les poissons le dévorer, lui, ce chien de Siddharta, ce fou, ce corps dégénéré et corrompu, cette âme attachée et pervertie ! Que les poissons et les crocodiles s'emparent de lui et les démons le déchirent en morceaux ! Il modifia alors sa posture, se tourna vers l'eau et y vit l'image de son visage. Il cracha dessus, puis se pencha, en fermant les yeux, vers la mort ».

Mais Hesse va, pour ainsi dire, secouer Siddharta et le lecteur — en le plaçant devant un choc émotionnel lorsqu'il entend le fameux mot « *Om* », « et conscient du *Brahma* et de l'indestructibilité de la vie, il se souvint qu'il avait oublié tout ce qui est sacré ».

La tension et le désespoir se dissolvent instantanément dans le sommeil et le calme, qui lui font prononcer encore encore le mot magique « *Om* ». Et tout d'un coup, « il est à nouveau étonnamment alerte, heureux et curieux de tout ». La conversation avec Govinda qui s'ensuit est pleine de bonne humeur et fort gaie.

Après le départ de Govinda, Siddharta oscille entre le regret d'avoir abandonné les modes de vie de l'intellectuel et du jouisseur, et le soulagement, en pensant à sa nouvelle condition. Fort à propos, il remarque que tout est devenu difficile car il est maintenant « une personne comme les autres », un enfant peut-être, en ce qu'il est « revenu en arrière, vidé, nu et ignorant du monde ». C'est alors qu'en illuminations successives l'ensemble de son passé défile dans sa tête, avec toutes ses implications. Il n'empêche que la section s'achève sur une note de bonheur, même de joie, peut-être d'amour, à la vision de cette rivière qui l'a vu mourir et renaître à la fois.

Penchons-nous sur les rapports internes dans cette section qui fait le milieu du livre.

a) «Kamala», le premier chapitre, montre clairement l'opposition dont Siddharta a pleinement conscience, entre la *connaissance* que l'on peut avoir des choses, et qui ne suffit pas, et l'*expérience* de ces choses. Cela donne un contenu à ce qui, autrement, ne serait que théorie. Il est clair que Siddharta comprend l'équation *Atman = Brahma*, le moi et l'univers, mais il ne la *ressent* pas. Pour sentir, il faut littéralement faire appel aux sens, et cela constitue l'expérience humaine. Le rêve de Govinda, l'intellectuel ascétique, qui se veut femme (ce qui symbolise la sensualité) signifie déjà, à ce moment-là, que Siddharta entrevoit la nécessaire synthèse des sens et de l'intellect pour parvenir à la solution. Finalement, il se rend également compte que la meilleure route est celle qu'une voix mystérieuse lui intime de prendre, parce qu'elle est celle que l'univers prend à travers le Moi pour *se dire* et peu importe à ce stade que le chemin poursuivi le soit par les sens ou la réflexion.

b) «Parmi les hommes» est le second chapitre et vise à mettre en évidence l'isolement de Siddharta du reste de l'humanité — un dilemme qui ne se trouvera résolu qu'à la fin du livre — et son matérialisme effréné lui est reproché par la «voix» intérieure qui lui parle.

c) Le troisième chapitre, «Sansara», requiert d'être expliqué davantage. Au fond, Sansara est la réincarnation, un processus que les Hindous considèrent comme peu plaisant. Il évoque aussi ce qui est de l'ordre du transitoire, du changeant, bref, il symbolise le monde, insatisfaisant pour l'homme, dans lequel il doit sans cesse naître et renaître pour vivre et se survivre. L'idée qui domine chez Hesse est probablement que notre façon égoïste de vivre est outrancièrement individualiste et nous condamne au futile. L'aventure sexuelle avec Kamala est décrite comme «un jeu sans intérêt qui n'a pas de fin, ..., appelé Sansara, un jeu pour enfants, qu'on aime répéter une fois, deux fois, dix fois, mais qui ne vaut pas la peine d'être poursuivi indéfiniment». Le jeu aussi est identifiable à «un cycle absurde» où l'on joue, perd, gagne, comme en affaires, pour jouer à nouveau, perdre à nouveau. Ce qui suggère à Siddharta le côtoiement d'une «passion (...) qui ne peut que s'achever par la mort», passion mortelle, où la vie passionnément conduite de la sorte ne peut se terminer que par la mort; une vie ainsi construite repose sur les valeurs les plus matérielles, elles dépendent, si l'on veut, du seul corps, lequel symbolise l'évanescence même.

d) Ce n'est que dans le quatrième chapitre, «Au bord de la rivière», que Hesse développe le plus explicitement son thème. On trouve d'ailleurs à la fin l'un des passages les plus importants du livre puisque les événements les plus significatifs y sont résumés et commentés. Le thème central est la mutation de Siddharta, qui va alors privilégier les sens à l'intellect. Par cette libération, il abandonne l'auto-discipline. Mais sa vie chez des personnages comme Kamaswami va rendre cette solution impraticable à son tour. Et cette expérience *invivable* d'impossibilité il va devoir la *vivre* comme impossible. Depuis son enfance, les Brahmanes n'ont pas cessé de lui répéter que la voie sensible était à rejeter, mais la grande différence est qu'il doit assumer toute sa valeur. Le résultat est donc une double mort mais aussi l'intégration de l'univers des sens et de celui de la culture au sein d'un Siddharta qui est l'homme ordinaire ou l'enfant qui peut s'étonner.

A première vue, il a l'impression de faire une chute sans fin, en spirale vers l'abîme. Mais il se réveille «comme un enfant, plein de confiance et de gaieté, dénué de peur», car ce qui est mort, en fin de compte, est «son petit Moi, plein de crainte et de vanité, avec lequel il avait lutté durant tant d'années, mais qui l'emportait toujours, renaissant de ses cendres pour lui ravir le bonheur et le remplir d'angoisse».

Comme Brahmane ou Samana, il ne pouvait tuer ce Moi, il pouvait seulement s'y essayer par le jeûne ou l'auto-discipline, car ces actions ne sont en réalité que des modalités d'un Moi d'Intellectuel, le Moi «qui s'insinue dans la prêtrise, dans l'arrogance, dans l'intellectualité. Pour détruire un tel Moi, qui se vérifie comme volonté intellectuelle en prétendant se combattre, il devint de la classe des Kamaswami avec *leur* type de Moi, qui se consume lui-même de la folie d'une vie futile et vide».

La section s'achève sur l'explication du sens des événements qui se sont déroulés, mais la conclusion en est éminemment problématique: car on peut s'interroger à propos de l'effet mystérieusement curatif du mot «*Om*». Et ensuite, pourquoi la rivière est-elle synonyme de plaisir? Que va faire de sa vie Siddharta, devenu comme un enfant?

C. Dans la dernière partie du livre, Siddharta a trouvé sa vraie identité: il est lui-même en tant qu'il peut être identique, c'est-à-dire se rapporter de la même manière qu'à son Moi, à ce qui lui est extérieur et étranger.

Son *Atman*, ou âme personnelle, est l'âme du monde. D'où l'harmonie et l'unité. D'où aussi l'idée que ses échecs venaient de ce qu'il se voyait de manière illusoire, un isolé, et qu'il agissait en conséquence, en pure perte.

Ceci explique que l'histoire se simplifie à nouveau. Sa première rencontre avec Vasudeva fait exception, ainsi que divers autres épisodes tels les rapports entre Siddharta et son fils, la mort de Vasudeva, la dernière rencontre avec Govinda. Par la quantité, ces événements qui constituent la section ne se distinguent en rien de celle qui précède. On y trouve même une certaine répétitivité dans la dramatisation. Ce qui fait l'essentiel de cette troisième section tient aux dialogues avec Vasudeva et aux monologues intérieurs, qui ont pour but de préparer le lecteur aux développements thématiques complexes qui dominent le dernier chapitre, «Govinda».

Ce n'est pas un hasard si les personnages se trouvent être mis en scène fort simplement. Kamala est sentimentale et manifeste une grande dignité. Le jeune Siddharta, si l'on peut dire, est énervant, mais c'est inévitable. D'autre part, Hesse veut rendre Vasudeva et Siddharta presque indistinguables. Ce sont deux simples et joyeux vieillards, amoureux d'une rivière parce que la vie au bord du fleuve leur a appris la paix dans l'harmonie avec la nature: Vasudeva suggère les intuitions de Siddharta plutôt que des mots. A la fin, il est devenu bénévolent, simple, lumineux même, comme une divinité: son nom est l'une des désignations de Krishna, lequel est lui-même l'incarnation d'une des trois divinités hindoues fondamentales, en l'occurrence Vishnou.

Pourtant, Siddharta va se démarquer de Vasudeva, comme on le voit bien dans l'épisode avec son fils. Avant comme après, lui aussi connaît les secrets de la rivière: 1) en l'écoutant suffisamment longtemps, on entend les mille voix de l'univers. Ce qui signifie en réalité qu'un seul phénomène peut refléter la totalité, que la rivière est puissance à l'égard de l'univers qui est acte; 2) en écoutant bien attentivement même, toutes les voix se confondent en un seul son, *Om*. Cela veut dire que derrière la multiplicité du réel, sous l'infinie possibilité des manifestations de ce dernier, l'unité existe. La rivière s'écoule, prend différente formes au long de son cours, mais elle est *la* rivière, une et identique.

Ce qui brise momentanément cette quiétude est la confrontation de Siddharta avec son fils. Il ressort bien qu'il lui voue un amour plein de tendresse, tout empreint d'indulgence et de patience. Mais il sait qu'il ne peut rien faire *pour* le garçon, si ce n'est lui permettre de faire à son tour l'expérience de vivre sa vie comme lui-même l'avait en son temps exigé de son père. Ceci ne l'empêche pas de suivre ce garçon et de souffrir d'une terrible blessure d'amour. Il retrouvera cependant son équilibre, le jour même de la mort de Vasudeva.

Le premier des quatre derniers chapitres, «Le Pasteur» met mieux encore en évidence que l'être peut à la fois obéir au changement et rester identique. Le temps n'est ainsi qu'une illusion. Où est le début, le milieu et la fin dans ce flux? Où va-t-on trouver le passé, le présent et l'avenir de la vie de Siddharta? Une chose peut être potentiellement tout autre, et toutes les choses ne sont finalement que les manifestations du Même. Quand Kamala meurt dans ses bras, Siddharta, bien sûr, souffre du présent mais il voit son chagrin comme un présent qui s'évanouit dans le passé et l'avenir; et ce qu'il ressent est «plus fortement que jamais le caractère indestructible de la vie, l'éternité de chaque moment».

L'amour qu'il éprouve pour son fils va le heurter cruellement cette fois. Mais cet amour est-il moins important que l'amour qui nous relie à tout ce qui relève de l'être? La fraternité humaine est finalement la question essentielle du chapitre «Le Fils». Déchiré, humilié, blessé dans son amour de père, Siddharta se retrouve «comme les autres». L'expérience de la douleur pousse à l'indulgence, à l'humanité, à la dignité vis-à-vis des autres; encore une fois, le chemin du savoir et le chemin de la sagesse sont à distinguer.

Frère des hommes, Siddharta a effacé de son esprit la différence entre le Soi et le Social. Il va alors pouvoir supprimer celle qui l'isole du reste de l'univers. D'où le troisième chapitre, «Om», où il confie à son ami Vasudeva qu'il est blessé, lequel l'emmène une fois de plus à la rivière. Et il écoute le rythme de l'eau pour la deuxième fois. Les voix s'amplifient pour ne plus en faire qu'une, le célèbre *Om*: «A partir de cette heure, Siddharta a cessé de lutter contre son destin. Son visage est illuminé par la sérénité. C'est la figure d'un homme que les désirs ne torturent plus, qui a trouvé sa voie, qui est harmonie avec le cours des choses, avec la vie; un homme plein de sympathie et de compassion, qui s'est abandonné au flot des choses dans leur unité essentielle».

Le douzième chapitre, «Govinda», est présenté comme une clarification et non plus comme une étape supplémentaire à ajouter au développement spirituel du Sage. Il n'est d'ailleurs pas facile d'accès car l'idée fondamentale se refuse précisément à l'intellect condamné. Il serait *dérisoire* pour Govinda d'essayer de *comprendre* ce qui doit se *vivre*. D'où le recours à la métaphore de la pierre. Govinda embrasse le front de Siddharta et fait l'expérience, si l'on peut dire, de ce stade final dans l'accomplissement de soi. Les explications futiles, la métaphore, la démonstration même, sont là pour indiquer qu'il y a quelque chose en *nous* qui relève de l'*expérience* plutôt que de l'entendement. Ce qui, en nous, est de l'ordre de ce dernier est quelque peu mystérieux, d'où les questions: Pourquoi le temps n'est-il pas le réel? Pourquoi, derrière le sourire énigmatique de Siddharta, voit-on un masque transparent se profiler en «toutes formes possibles, présentes et futures » ? Pourquoi un homme qui poursuit un but a-t-il moins de chance de trouver ce qu'il cherche que celui qui ne cherche rien ? Pourquoi ne peut-on communiquer, donc apprendre, la sagesse ? Pourquoi le langage trahit-il la vérité ? Pourquoi aimer les choses plutôt que les mots ou les pensées ? Pourquoi est-ce l'amour qui importe le plus en ce monde ? Toutes ces questions se font écho, chaque réponse en entraîne une autre.

4. Conclusion

Il n'y a pas de doute que le dernier chapitre de *Siddharta* est d'une grande beauté et d'une grande puissance. Ce qui me frappe est que le sens des choses les plus complexes devient *harmonie*. Il est réconfortant de pouvoir penser, avec Hesse, qu'il y a une certaine signification à ce qui se passe dans l'univers lorsque l'on vit comme aujourd'hui dans un monde chaotique, dans une société fragmentée. C'est d'autant plus surprenant que Hesse voit dans le Tout une manière, pour moi, d'être, tout simplement : l'univers, c'est moi et je suis l'univers. Mon intellect ne peut voir là qu'un paradoxe, de même que lorsqu'on dit que le temps n'existe pas, mais il n'empêche que je suis *persuadé* de cela au contact de la rivière et de la pierre. Bien plus, pour éprouver ce qui est finalement une communion qui m'implique totalement, je n'ai pas besoin de talents ni de compétences particulières. Au contraire, Siddharta montre qu'il faut se dépouiller de tout cela pour redevenir simplement humain, avec la fraîcheur du regard de l'enfant. Ce que Siddharta réussit est à *voir les choses différemment*, et il voit ce qui a toujours été là, présent : une perfection, vous, moi, comme participant d'un Tout qui comme tel demeure.

C'est par là au fond que le roman déconcerte le plus. Mon détestable intellect me torture à nouveau et me pousse à demander : mais qu'est-ce que Hesse *veut dire* au juste par tout cela ? Après tout, comment *moi*, puis-je être l'univers, le Tout ? Pensons un instant à la fameuse pierre de Siddharta : elle n'est pas simplement une chose individuelle parmi des millions d'autres, car, de par sa provenance et par ce qui va lui advenir, elle a le potentiel de se muer en toute chose. En d'autres termes, la pierre se rapporte à l'univers par de nombreux renvois, telle une onde à la rivière. La roche devient minéral par l'érosion et d'autres formes d'altération, le minéral est absorbé au niveau des plantes et par les animaux, elle est ensuite convertie en énergie, laquelle devient substance en retour, et le cycle recommence. En bref, si nous pouvions dérouler l'histoire de la pierre en accéléré, on verrait une incessante mutation de la masse en énergie, et vice versa, au travers de différentes formes de passage, de manière infinie, telle la rivière. La pierre a donc été depuis longtemps toutes les choses et sera toujours toutes les choses, puisqu'il en est ainsi de chaque chose. Et si elle est (potentiellement) chaque chose, elle est aussi parfaite parce que *complète* : elle contient en elle tous les possibles de l'univers, y compris, à ce titre, la perfection ; à tel point d'ailleurs qu'elle *ne peut pas* ne pas inclure l'imperfection aussi. Elle est limitation, simple pierre par-delà le flux infini de sa possibilité infinie d'être l'univers. Chaque « chose » est ainsi la porte qui peut nous mener à l'infini et à l'unité de toutes les « choses », du fait de leur choséité de chose.

Ce qui est valable pour la pierre s'applique en ce sens-là à Siddharta également, et à nous. Nous portons à chaque instant notre passé et nos potentialités. Nous sommes *maintenant* ce que nous avons été comme tout ce que nous pouvons être. Nous sommes empêchés d'en prendre conscience dès lors que nous croyons au *temps*, c'est-à-dire que présent, passé et futur sont séparés. Mais, dit Siddharta, on ne peut pas plus dissocier le passé du futur que l'onde de la rivière, la roche de son histoire, et nous de l'univers. Comment pourrions-nous tracer les limites ? Où *je* m'arrête et où l'univers commence ? « Je » mange et « je » respire : cela provient de l'univers. Je fais partie des flux incessants de masse et d'énergie. Mon corps va se modifier au fil du temps, mes mouvements influent sur les molécules de la nature, etc. La chaîne est sans fin, et en ce sens le temps n'existe pas : croire au temps ici équivaut à croire que ce qui ne peut être divisé doit l'être.

Une fois que l'on accepte la double idée que l'être du soi n'est pas différent de l'être en général, et que le temps n'est pas, les réponses aux cinq autres questions viennent d'elles-mêmes.

1. Un homme qui s'est donné un but dans le monde postule qu'il y a, d'un côté, lui, de l'autre, le monde vers lequel il faut tendre. S'il était simplement « lui-même », il serait l'univers et la quête s'achèverait.

2. La sagesse ne se communique pas car les mots et la verbalisation des pensées *analysent* les idées abstraites des choses, fracturent erronément des totalités en parties artificielles.

3. La nature analytique de la pensée et de la langue fait en sorte que l'intellectuel est condamné aux vérités partielles et aux oppositions tranchées, aux exclusives. D'où la dualité du bien et du mal, complémentaires parce que contradictoires ; ce qui rassure l'homme d'aujourd'hui, épris de dualismes et victime de la fragmentation. On peut voir cela autrement, selon la vision de Siddharta : puisque l'homme peut tout être, il peut à la fois faire le bien comme le plus grand mal, avec toutes les possibiliés intermédiaires. Chaque *chose* réunit en elle ce que l'entendement humain a souvent présenté comme idées morales incompatibles, par simple ignorance.

4. On doit aimer ce qui est car, en fin de compte, qu'y a-t-il d'autre ? Cette capacité d'aimer est fondamentale. L'amour unit ce que l'esprit doit diviser; c'est là peut-être la leçon la plus importante que nous donne Siddharta, et sa dernière en tout cas. Laissons-le conclure pour nous : « C'est ainsi que je pense que tout est bien, la mort comme la vie, le péché comme la sainteté, la sagesse comme la folie. Tout a sa nécessité propre, et ne requiert que ma joie, mon consentement, ma compréhension pleine de tendresse. Alors seulement tout est bien et rien ne peut me blesser. J'ai appris, par mon corps et mon âme, qu'il me fallait pécher, que j'avais besoin d'éprouver la joie des sens, que je devais me battre pour posséder des choses, et aussi que je devais faire l'expérience de la nausée et du désespoir le plus profond pour pouvoir aimer à nouveau ce monde, et ne plus le comparer à quelque modèle fictif de perfection. Et aussi pour le quitter tel qu'il est, comme pour l'aimer et me réjouir d'en faire partie ».

Siddharta est la clé qui ouvre la porte des autres romans majeurs de Hesse, car on y trouve une structure simple, parfois jusqu'au schéma, de personnages, de situations, d'attitudes et d'idées, qui se répéteront dans toute l'œuvre, chaque fois dans une autre perspective cependant. Le passage que je viens de citer fournit un thème récurrent, présent aussi bien dans *Le loup des steppes*, *Narcisse et Goldmund* que dans le *Jeu des perles de verre*. Caractéristiques aussi sont les détails comme le début lent suivi d'une dramatisation forte dans l'intrigue ou le développement. On retrouvera la même hostilité à l'égard des « marchands du temple », les Kamaswami et autres, le même sentiment devant la beauté intellectualisée, Kamala et autres, le même recours au rêve et aux symboles, la même joie face à la nature, riche d'images, la même conception de l'univers où l'on recherche l'harmonie pour combattre l'absurde, la même prééminence des sens sur l'intellect et la synthèse finale de l'esprit qui réunit entendement et sensibilité dans la transcendance. Les dualismes hessiens se retrouvent dans Harry Haller et le loup, dans Narcisse et Goldmund, dans la Castalie, univers fermé des intellectuels du *Jeu des perles de verre*, et le monde extérieur.

Finalement, le parcours de Siddharta offre une perspective idéale pour comprendre les héros hessiens qui vont surgir dans l'œuvre. Siddharta explique Harry Haller en ce que Harry commence le cheminement que Siddharta vient d'achever. Goldmund est un Siddharta qui s'est déjà mis en marge du monde intellectuel, qui émerge de cet univers pour éprouver toutes les joies du monde sensible et qui, par l'art, arrive à leur synthèse, synthèse qui est en dernière analyse celle de l'esprit et du sensible autant que celle de la vie et de la mort. Knecht s'oppose à Goldmund en ce qu'il est l'intellectuel avant tout, le *Magister Ludi*, le Maître du Jeu des perles de verre. C'est dans ce dernier livre que l'on assiste à l'échec de toutes ces dichotomies qu'il y a à vouloir allier les dualités lorsque l'on pratique le seul jeu des intellectuels, symbolisé par la pratique institutionnalisée de combinaisons de perles de verre. Le voyage de Knecht dans le monde sensible sera bref, il meurt immédiatement. Ce que *Siddharta* présente est donc un homme idéal placé dans une situation idéale, trouvant la solution idéale face aux dualités inconciliables du monde. Le lecteur ne retrouvera plus un Hesse aussi optimiste que dans *Siddharta*. Mais il se peut qu'à un moment de sa vie où son pays était ravagé, sa femme complètement annihilée par une maladie mentale, sa famille détruite, son propre équilibre menacé, il se peut, disais-je, que Hesse n'ait jamais eu autant *besoin* d'écrire l'espérance.

Chapitre 2
Le loup des steppes ou le Siddharta du monde actuel

1. Introduction

Steppenwolf (ou *le loup des steppes*) nous met en présence d'un contemporain, Harry Haller, qui se débat pour devenir une sorte de Siddharta. Torturé par tous les dualismes possibles de notre siècle, et surtout déboussolé par le chaos des valeurs, Harry progresse peu en regard de ses efforts. Pourtant, il se trouve être un intellectuel exceptionnel qui manifeste une grande discipline devant les chocs de la vie, ce qui lui a permis de survivre jusqu'ici, aidé en cela par une vision sans illusion de sa société. Mais il est paralysé par la modération et le souci de sécurité qui caractérisent la classe moyenne, autant qu'il est tenté par le besoin de se réaliser comme Siddharta. Tout ce qu'il finira par obtenir est de réussir à surmonter ce conflit.

Dans les années 1920, on voit Harry Haller prendre une chambre dans une ville allemande, ou suisse peut-être, dont il explore assez sporadiquement la culture littéraire, artistique et musicale. Son Allemagne natale est sortie déchirée et traumatisée de la Première Guerre Mondiale, et elle vit un désordre politique et économique alimenté par toutes sortes de révolutions de droite et de gauche. A Munich, le putsch de Hitler se termine comme l'on sait, mais il en émergera avec une envergure nationale. Harry, lui, reste en dehors de tout cela. A cinquante ans, il s'est fait une réputation qu'il a perdue aussitôt, il a vu sa femme devenir complètement malade et il va essayer ensuite de se suicider. Il va errer de pays en pays, sans amis, à l'exception d'une belle jeune femme, Erica, dont l'isolement et la similitude des conflits qu'elle vit font de leur relation une suite de rencontres fort épisodiques, se terminant le plus souvent en violentes querelles. A la dérive, incapable de travailler et se détestant pour son attitude autodestructrice, Harry ne fait plus que feuilleter les livres, qu'écrire ici ou là des articles contre le militarisme allemand, tout en s'efforçant de pratiquer un peu de yoga. Il prend des bains chauds et ne cesse de boire; sa chambre est transformée en fouillis, jonchée par les livres et encombrée de photos. La seule espérance qu'il se réserve encore est celle de se délivrer de son malheur en se donnant la mort le jour de son cinquantième anniversaire.

Bref, au début du roman, tout ce qui lui arrive le conduit au suicide. Un soir, mortifié par son agression injustifiée contre un professeur de philosophie orientale, Harry-le-loup décide d'en finir, mais terrorisé par la mort, il renonce. Déjà ivre, il échoue dans une taverne où il fait la connaissance d'une étrange créature, Hermine, une jeune prostituée qui va se révéler pleine de sagesse et va le secouer pour qu'il sorte de son état de délabrement. Harry récupère peu à peu. On peut comparer sa nausée suicidaire à celle de Siddharta, en ce qu'elle marque le changement de personnalité : le schizophrène, le solitaire loup des steppes, se mue en un être davantage en harmonie avec le monde qui l'entoure.

L'évolution de Harry se déroulera en deux phases. Comme Siddharta, il va d'abord se plonger dans la vie de l'homme de la rue. Danser, jouer, rire, vont tisser sa vie. Il va prendre pour maîtresse une autre jeune prostituée et va se lier d'amitié avec Pablo, un musicien de jazz qui aime hommes et femmes, vend de la drogue et s'occupe également de prostitution. Cette expérience a pour effet de transporter Harry dans un autre monde que celui de l'intellectuel raffiné. Harry entrera alors dans une seconde phase, celle d'un voyage psychédélique, avec Pablo pour guide, qui le mènera au Théâtre Magique, c'est-à-dire au royaume des désirs et des craintes refoulés. Là, Harry va s'adonner à une guérilla assez hilarante contre les automobiles, faire l'amour de mille manières à un très grand nombre de femmes, et ensuite, réaliser que la brutalité de son combat avec lui-même peut se comparer à une bataille sadique entre un loup et un homme! Une fantastique partie d'échecs lui fait entrevoir que l'on peut se révéler être beauoup de personnes à la fois dans une simple relation à deux.

Un de derniers héros de Harry, Mozart, ne sera pas épargné. En entrant dans la dernière chambre du Théâtre Magique, il voit Pablo et Hermine enlacés et nus. Harry commet l'acte qu'il considère comme le plus abject qui soit, il poignarde Hermine qui, pourtant, représentait ce qu'il chérissait de plus profond, et qui l'avait en fait guéri. Il cherche ardemment son propre châtiment, avec masochisme même, et il passe en procès devant son héros, Mozart, entouré d'autres personnages idéalisés. Reconnu coupable, il doit être puni. Mozart, entouré de ses amis, éclate alors au visage de Harry d'un grand rire dont l'écho se multiplie indéfiniment. Mozart prend subitement l'aspect de Pablo, et Hermine, celui d'un jouet que Pablo enfouit dans sa poche. Harry se décide de continuer à vivre l'enfer qui consiste à essayer d'être et d'aimer comme un Siddharta — et de rire comme un Mozart.

Ce qui suit cette étonnante conclusion (un tiers du livre) est rapporté dans la préface par un observateur, un petit bourgeois anonyme («l'éditeur»), et le tableau est moins joyeux. Harry retombe dans la dépression, mange peu et flâne toute la journée dans son lit. Il se lève bien pour aller écouter la conférence d'un historien avec le narrateur anonyme. Devant la suffisance, la superficialité et la futilité de notre société moderne, Harry ne laisse pas d'exprimer un désespoir plein d'ironie. Un second épisode le fait émerger à nouveau : une querelle violente avec Erica, qui n'apparaît d'ailleurs jamais dans le roman ; à la suite de quoi leur relation prend fin. Harry s'en va, et ne demeure que l'impression du narrateur : Harry restera tragiquement un marginal, explorant de manière compulsive l'enfer de son univers mental.

Comme dans *Siddharta, le loup des steppes* se divise en trois sections : 1) un intellectuel qui éprouve l'intuition d'une harmonie universelle découvre que sa science est dérisoire devant les problèmes fondamentaux ; 2) il développe une certaine sagesse en vivant comme les autres et avec eux ; 3) il atteint un stade auquel une vision réparatrice de la vérité universelle s'impose à lui.

La première partie montre un personnage totalement paralysé, du moins aux yeux de notre bourgeois, et de Harry lui-même, d'ailleurs. La seconde partie fait assister à la rencontre de Harry et d'Hermine, ce qui symbolise l'acquisition de la sagesse par une certaine expérience. La troisième partie est celle du Théâtre Magique, où l'on voit que le sens d'une existence est dans la transcendance, c'est-à-dire l'universel. Comme dans *Siddharta*, il y a des guides hommes comme femmes. Kamala est ici Hermine-Maria,

Vasudeva devient Pablo-Mozart. Il y a bien sûr des différences de structure entre les deux romans. La plus importante consiste en ce que la première partie ne dépeint pas de l'intérieur un développement intérieur. On a des points de vue «objectifs», qui convergent sur Harry, concrétisés par la préface de l'éditeur-narrateur, et le Traité du loup des steppes, livré par l'«Immortel». C'est par cette dernière partie que je vais commencer, car elle corrige de manière assez ironique la déception naïve du narrateur anonyme et cela par contraste avec le schéma de l'expérience qu'Harry nous dévoile.

2. La place originale du loup des steppes dans l'œuvre de Hesse et l'impact de la psychanalyse

Dans *Siddharta*, l'accent est mis sur la mystique orientale. L'influence de la psychanalyse, et plus particulièrement de Jung, bien que déjà présente, ne se fera réellement sentir qu'avec *Le loup des steppes*. Le Bal comme le Théâtre Magique sont deux épisodes centraux qui ressortissent directement de la théorie de la personnalité de Jung.

Hesse a été fortement influencé par le rival de Freud d'abord parce qu'il a été lui-même en psychanalyse chez un jungien, et ensuite parce qu'il a eu plusieurs conversations avec Jung lui-même, probablement durant la période que relatent les événements du loup des steppes. Le but de la thérapie de Jung était de permettre au patient d'arriver à percevoir son *individualité*, c'est-à-dire de réaliser ce qu'il est en opérant une synthèse entre le monde conscient et le monde inconscient; dans *Le loup des steppes*, Harry et le loup respectivement. Tant que cette synthèse ne s'est pas faite, l'inconscient fonctionne indépendamment, et même en opposition par rapport au conscient qui, par là, ignore son existence. Jung, on le sait, souscrivait non seulement à la théorie freudienne du conscient et de l'inconscient, mais surtout croyait en l'existence de deux types d'inconscient: l'un, individuel, créé par des épisodes refoulés au cours de notre histoire personnelle; l'autre, collectif, constitué comme une sorte de mémoire cumulative où viendraient s'inscrire les réponses aux conditions fondamentales imposées à l'espèce humaine. Cet inconscient collectif manifeste la pluralité de ces événements par des symboles qui en rassemblent le sens en images qui sont des *archétypes* et que l'on retrouve en art, en littérature, et dans les mythes.

Deux archétypes sont fondamentaux dans la théorie de Jung, et que l'on retrouve dans *Le loup des steppes*: l'*anima* et le *Soi* (ou *Moi*). Jung pense que chaque être humain possède les deux aspects, mâle et femelle, l'*anima* pour l'homme et l'*animus* pour la femme. Chacun peut penser que sa composante féminine, pour prendre le point de vue de l'homme, se définit par tels et tels traits; on peut quand même affirmer que l'anima se ramène plus ou moins au sensuel et au sensible en général, à l'intuition, à l'émotionnel, à l'irrationnel même. Un homme réprime tout cela pour développer ses qualités logiques, rationnelles, pratiques et instrumentales. Mais, on l'a dit, ce qui est refoulé n'en possède pas moins une vie propre, et le Moi conscient en sera manipulé en conséquence. Un homme se représente alors cet aspect féminin au travers d'une image de la femme, qu'il projette sur les femmes, réelles, qu'il rencontre, et qui sont d'aileurs plus «masculines» qu'il ne s'en doute: mère, sœur, amante, épouse. En un sens, lorsqu'un homme tombe amoureux d'une femme, il est attiré par l'une des caractéristiques spéciales qui lui font voir sa propre nature féminine en elle. En d'autres termes, il tombe amoureux avec lui-même, ce Soi qu'il a refoulé, ce Soi qui l'attire et l'effraye à la fois. Certaines femmes présentent une combinaison d'archétypes physiques qui correspondent à l'anima archétypale par excellence : ce sont ces créatures au charme mystérieux que tout le monde aime. Dans *Le loup des steppes*, c'est Hermine.

Le Soi est au fond le guide qui mène à la réalisation de l'individualité : c'est un « centre intérieur » qui invente et organise les rêves afin de réfléchir au sens optique du terme, la réalité la plus secrète du moi sur sa partie consciente. Dans ces rêves, il se manifeste en incarnant différentes formes, en général du même sexe que le rêveur. On se souvient de Vasudeva. On pense aussi à Pablo, qui promet à un vieillard un renouveau. Il peut s'agir d'un être hermaphrodite comme Hermine, qui symbolise la synthèse des deux éléments les plus conflictuels de la nature humaine, l'homme et la femme. On peut aussi avoir l'image d'un animal, comme le loup, qui se présente au Moi comme un ensemble instinctuel refoulé important. La pierre dans *Siddharta* est elle aussi symbole, en ce qu'elle figure l'existence unifiée, la distance absolue par rapport au monde éphémère du Moi, l'éternité comme Soi, comme identité personnelle.

L'épanouissement de l'être humain dépend du fait que le Moi conscient écoute son guide inconscient. Un homme comme Harry fait partie de ceux qui sont sans doute le moins aptes à permettre à leur Soi de s'épanouir parce qu'il est dominé avant tout par son conscient et qu'il est trop centré sur sa petite personne. D'où l'importance, pour de tels individus, que revêt quelqu'un comme Hermine dont l'anima est surtout préoccupée par les valeurs et la nature du Soi. Quand un homme a lutté très fort et pendant assez longtemps avec son anima pour se libérer, de ce conflit, fût-ce partiellement, l'inconscient commence alors à se manifester dans les rêves comme étant le Soi : il prend l'apparence d'un homme à qui l'on fait totalement confiance, qui vous initie et qui vous protège dans le parcours qu'il vous fait suivre pour que vous vous réalisiez.

Je considère Hary Haller comme symbolisant le Moi conscient de Hermann Hesse (notons les initiales). Le «loup» que Harry pense être à certains moments n'est au fond que la forme d'emprunt de son inconscient qu'il refoule comme étant *lui-même*. Les composantes de cet inconscient qui ressortent le plus souvent sont incarnées par Hermine et Pablo-Mozart. Hermine — notons ce prénom également — est l'anima, tandis que Pablo-Mozart est le Soi. Le Théâtre Magique est l'univers du rêve que le Soi se constitue et dans lequel il manifeste et communique sa vraie nature.

Hesse a souvent répété que ses romans étaient motivés par le souci d'intégrer le Soi au processus imaginaire, ce que Jung lui-même recommandait après la thérapie. On a l'impression que Hesse garde à l'esprit les hivers qu'il a connus à Zurich dans un petit appartement, qu'il est aussi influencé par son court mariage avec Ruth Wenger, qui fut malheureux, et qu'il a épousée sous l'effet d'une sorte de mélange «de vie et de destinée»[1]. Cette terminologie fait penser à celle que Harry utilise pour décrire sa relation avec Erica. On trouve d'ailleurs des poèmes qui témoignent de l'agitation et de l'inhibition du moment, *Krisis*, écrits en 1926, où l'on voit notre auteur, étouffé par un refoulement d'ascète et aux prises avec un mariage détruit «englouti dans la sensualité vengeresse pendant presque un an». Dans ces poèmes, Hesse s'immerge dans un univers de jazz et de sexe, aspire à danser et à faire l'amour, pris au piège du conflit entre ses désirs et sa conscience. Il en devient sauvagement ironique; il aspire à la mort pour finalement accepter ces conflits comme une sorte «de des-

---

[1] B. Zeller, *op. cit.*, p. 94.

sein de Dieu» (...), mis en place comme expérience d'une destinée qu'il faut épuiser et qui se réserve encore »[2]. En 1927 son mariage, mort bien avant, est officiellement dissout; *Le loup des steppes* est publié et Hesse récupère de son épuisement physique, qui a été fort grave, pour rédiger *Narcisse et Goldmund*. A cette époque, il écrit:

«Je travaille maintenant à quelque chose de nouveau et un personnage émerge pour devenir le symbole porteur de mon expérience de la vie. L'émergence de ces figures mythiques (Peter Camenzind, Knulp, Demian, Siddharta, Harry Haller, etc.) est le centre de ma création duquel tout le reste découle. Presque tous les livres que j'ai écrits ont été une autobiographie spirituelle »[3].

Il ne s'agit pas pour moi de souligner exagérément les éléments autobiographiques ou psychanalytiques. Le génie de Hesse tient à ce qu'il exprime des intuitions particulières par le truchement d'êtres qui ont autant d'aspects en commun avec nous qu'avec lui. Il n'y intègre donc pas ce qui, dans sa propre vie, ne présente guère d'intérêt. La charge de l'universalité est portée par les abstractions jungiennes qui traduisent ainsi l'énergie de son imagination créatrice. Il importe que je puisse expliquer autant que possible l'épisode sans faire appel à Jung, ce qui est le cas pour tout ce qui précède l'épisode de l'entrée de Harry au Bal costumé. Hesse nous présente d'ailleurs ses personnages comme autonomes et «réels» encore qu'ils se comportent quelquefois de manière incongrue. Finalement, il importe peu de savoir si Hermine est ou non une personne réelle. Après tout, les grandes réalités, pour Hesse, sont autant de l'ordre du rêve que de celui des êtres humains de chair et d'os. Comme «le Traité du loup des steppes» l'expliquera, toute attaque portée contre ces réalités, à un niveau psychologique ou social, ne peut avoir qu'un effet désastreux.

---

[2] J. Mileck, *Hesse and his Critics*, p. 25 (Chapel Hill, 1958).
[3] B. Zeller, *op. cit.*, p. 103.

Le point nodal de ce Traité est sa théorie des trois niveaux de conscience symbolisés par la classe moyenne, le loup des steppes et l'Immortel. La classe moyenne se caractérise par son exigence de sécurité, par son instinct de conservation poussé. Elle rejette les absolus et s'efforce de suivre toujours un juste milieu entre les extrêmes. Elle recherche la paix et le confort matériel que procurent des comptes en banque, des liens de famille forts, la loi et l'ordre. Pour Harry, le symbole petit-bourgeois par excellence est le *home*: ordonné, tranquille, propre, confortable, respectable même. L'antithèse de la maison est le monde souterrain où Harry va s'enfoncer pour y chercher la sagesse. Les gens respectables sont craintifs, et par là, plus susceptibles de s'abandonner à des dictateurs car ils ont «substitué la majorité à tout pouvoir, la loi à toute force, et les urnes à la responsabilité».

Seul un «loup des steppes» peut sauver l'homme moyen, le petit-bourgeois, de lui-même. Ces «loups» sont les intellectuels-artistes, philosophes, savants ou politiques — qui permettent d'accéder à la réalité immortelle (ou siddhartienne). Pourtant, ils ne sont jamais que les fils et les filles de cette classe moyenne et se trouvent prisonniers de ses craintes: ils croient qu'il faut détruire les conceptions, forcément héritées, *de ce que l'on est* (du Soi), ce qui équivaut à se suicider. Ils rationalisent leur besoin de faire l'expérience hasardeuse qui mène à la vision de l'Immortel en affirmant qu'ils sont victimes du «loup» qui sommeille en eux, la base de toute pulsion animale. Malgré leur souci de dépasser les conditions temporelles et historiques par une vision englobante, seul l'Immortel pourrait les transformer en guides charismatiques du reste de l'humanité, mais beaucoup sont comme Harry: ils sont déchirés entre leur désir de «faire partie» et leur besoin de risquer une espèce de mort psychique, ou physique même, en vue de mener une vie qui fait sens que l'on ne peut obtenir en restant simplement à pratiquer les us et coutumes de la société dite normale. Seul un « loup des steppes » qui a de l'*humour* peut alors fonctionner.

Il faut donc que Harry apprenne à rire. Il est dans une situation absurde. Il ne s'agit pas de choisir entre une identité définie par son appartenance à la classe moyenne, et le loup qu'il est aussi, puisque ces deux réalités s'interpénètrent chez lui. Seul le rire peut réconcilier les opposés et combler le fossé :

> « Vivre dans le monde comme s'il n'était pas le monde, respecter la loi et pourtant s'élever au-dessus d'elle, jouir de ses biens comme si 'on ne possédait rien', toutes ces propositions qui portent la marque d'une sagesse exaltée concernant le monde ne peuvent trouver leur effet que par l'humour seul ».

L'humour remplaçant le sens du tragique, le loup des steppes cesse d'être homme-loup pour devenir un être unifié dans l'expérience d'une pluralité d'individualités *en lui*. Un des sens majeurs du livre est de montrer que l'unité résulte de l'humour qui exprime une acceptation totale de soi.

Les Immortels possèdent le troisième niveau de conscience. En réalité, tout homme a non seulement un Soi, ou même deux, mais une infinité de facettes. Harry commet la double folie de vouloir détruire l'une d'entre elles. 1. L'homme bidimensionnel est à un stade d'évolution supérieur par rapport à tout ce qui relève de l'homme unidimensionnel, le petit-bourgeois; 2. La seule route à suivre dans la quête de Soi est l'expansion du Moi par l'expérience extatique (et terrifiante) non pas de deux Moi mais de plusieurs et de leur harmonie. C'est ainsi que le Soi devint le Tout. Certains hommes accordent de l'attention à cette « doctrine des mille personnalités », ce sont les saints et les pécheurs inconditionnels, qui poursuivent intensément l'absolu sans se soucier de la souffrance, de l'isolement, du mépris de soi et de la mort. Et parmi eux — Mozart et Jésus — des Immortels, comme Siddharta, qui le sont devenus par «leur pouvoir de mourir, de mettre à nu leur Soi par une éternelle mise en échec de soi».

La théorie de la littérature de l'Immortel est d'un intérêt tout particulier. Partant de la prémisse que «en tant que corps, chacun d'entre nous est seul; en tant qu'âme, jamais», l'auteur Immortel du *Traité* se fait l'avocat d'une littérature qui requiert du lecteur «qu'il ne considère pas les personnes comme des êtres séparés, mais comme les multiples visages d'une unité qui les transcende, l'âme des poètes en quelque sorte». Comme je l'ai expliqué plus haut à propos de Jung, une telle théorie ne peut engendrer qu'un roman où tous les protagonistes renvoient en fait la personnalité de l'auteur se manifestant dans la complexité infinie que peuvent présenter tous les hommes. Le loup des steppes, c'est Hermann Hesse. Il est aussi, de manière potentielle, le narrateur anonyme, et Harry Haller, et Hermine, et Maria, et l'Immortel Pablo-Mozart tout comme les acteurs du Théâtre Magique. Tout au long du livre, Hesse ainsi se démasque pour nous montrer chaque fois nos propres possibilités.

Sans le *Traité* mentionné plus haut, la préface serait fort décevante car l'évolution de Harry serait certes intéressante mais peu concluante. Quant au Théâtre Magique, il ne serait qu'énigme. Avec le passage du livre dit du *Traité*, le roman évolue. Le point de vue de la préface est celui de la classe moyenne: unidimensionnel. Celui de Harry, par contre, est complexe et mouvant parce qu'il est le Loup des steppes, bi-dimension de l'homme et du loup. Le point de vue qui domine la fin du livre est celui de l'Immortel. Chacun de ces trois aspects touche les autres, le narrateur anonyme est sous l'emprise de Harry, Harry sous celle de l'Immortel, et ce dernier est en contact avec l'Etre, l'universalité.

Le narrateur anonyme, appelons-le X, que l'on écoute dans la Préface, symbolise la perspective rhétorique suivante : il s'agit de convaincre le lecteur visé, le petit-bourgeois, en le mettant en scène dans ses éléments les plus fondamentaux. Ceci est apparemment le point de vue de X et il domine le roman jusqu'à l'épisode du Théâtre Magique, qui déconcerte et même irrite plus d'un lecteur par la rupture qu'il crée. En dépit de l'ironie du *Traité*, X possède nombre de qualités : la modération, la stabilité, le sens pratique, l'intégrité, une bonne dose de sensibilité mêlée à de la compassion, une curiosité intellectuelle accompagnée d'un sens de l'observation, caractérisent X.

Les lecteurs qui se sentent plus proches d'un « loup des steppes » que d'un petit-bourgeois sont rebutés par les implications sous-jacentes des propos de X. Explicitement, le fait qu'il espionne la vie privée de Harry est désagréable ; X lui-même se sent coupable. Ce qu'il condamne implicitement relève en fait de pruderie à l'égard de Harry : il éprouve un dégoût quasi névrotique pour tout désordre, il a une réaction d'insécurité face à la plus petite possibilité de critique, il est snob quand on lui parle d'études ou d'argent. Bref, sa vie est structurée contre toute expérience intense et contre l'accomplissement authentique de soi.

Mais la crainte de X, sa stérilité et son existence ennuyeuse, proviennent de sa vision de l'homme et non d'une quelconque incapacité à comprendre. Il estime que la vie de Harry démontre l'absurdité chaotique de notre univers, tout comme son tragique. Au départ, il regarde Harry avec suspicion ; ensuite il répond à son charisme. Ceci montre bien l'exemple que représente le Loup des steppes aux yeux de la classe moyenne. Ce charisme revient en fait à un mélange d'humanité et d'émotion, à une gaieté presque enfantine parfois, et à une esprit entraîné mais dépourvu de prétention. Tout ceci a pour effet d'atténuer les craintes de X. L'intelligence pousse finalement X à condamner la superficialité intellectuelle contemporaine, la vanité et l'hyperactivité du professionnalisme aux fondements introuvables. En dernière analyse, il voit en Harry un héros tragique, un représentant de ce que l'humanité aux prises avec le chaos et le conflit a de mieux à offrir dans cette période historique majeure, mais de transition, où l'Histoire pousse à réconcilier les forces opposées d'un passé donné une fois pour toutes et d'un futur, volatil et étranger.

Pour X, le défaut tragique de Harry est sa haine de soi. Le loup des steppes se révèle incapable d'altruisme en raison de ce rejet de soi qui «est réellement la même chose que le pur égoïsme qui, à long terme, nourrit le même désespoir et le même isolement». L'Immortel serait sans doute d'accord, mais pour des raisons différentes. Alors que X déplore la destruction de l'identité bourgeoise qui, par une modération enracinée dans la prudence, préserve un état de lucidité et de vitalité minimal, l'Immortel s'élève conte le mépris de soi qui a empêché Harry d'accepter le loup en lui et de se mouvoir dans les possibles infinis de l'être qui sont l'apanage d'un Soi authentique. Bref, pour l'Immortel, la fêlure tragique de Harry est bien une ereur, mais elle prête plutôt à rire.

Le narrateur anonyme ne peut nous faire progresser au-delà du constat suivant: l'homme renferme en lui une alternative, celle qui oppose l'abrutissement stoïque à l'engagement douloureux avec le réel avec, comme point d'aboutissement, le suicide. Au terme de la préface, on a l'impression que X incline vers cette dernière solution:

«Je pense souvent à lui. Il ne m'a pas rendu la vie plus facile. Il n'a pas la capacité de me donner la force ni d'éveiller la joie en moi. Tout au contraire ! Mais je ne suis pas lui, et je vis ma propre vie, une vie étriquée, petite-bourgeoise, certes, mais solide, remplie de devoirs. Voilà pourquoi ma tante et moi nous pouvons penser à lui dans le calme et avec affection ».

Je préfère croire, cependant, que ce narrateur a commencé d'entrevoir le loup qui dort en lui, qu'il est ce que Harry (et Hesse) était auparavant, et qu'ainsi il va devenir ce que Harry est devenu. Même si le narrateur n'évolue pas, la perspective du roman, elle, va changer. L'attitude nouvelle dont le lecteur va faire l'expérience est celle du loup pris au piège.

3. Structure narrative des manuscrits de Harry Haller

Hesse nous les présente en trois parties : 1) Harry nous est montré comme homme mi-loup; 2) Le Traité du Loup des steppes explique à Harry ce qu'il est, de manière futile; 3) Harry est dépeint comme un loup animé par la volonté de destruction, comme le prédisait le Traité. L'introduction s'achève par la rencontre de Harry et de Hermine à l'Aigle Noir, sur quoi il se met à vivre vraiment, à s'amuser et à changer. Les passages qui précèdent et suivent le Traité sont l'occasion de mettre en scène, de manière dramatique presque, ce qu'il faut entendre par un Loup de steppes. Le Traité explique bien que Harry, au fond, se trouve dans une situation de conflit avec la nature animale; l'image du loup exprime cette dernière, en même temps qu'elle renforce d'autres associations : l'amour de la liberté, l'indépendance, la force et la sauvagerie, le goût du sexe. L'homme Harry est moral, intelligent, soucieux des autres, raffiné, pénétré de pensées élevées, d'émotions fines et de bonnes actions. Mais il va s'aliéner tous ceux qui l'ont aimé, car lorsqu'il révèle sa personnalité complète à ses proches, ils s'en trouvent choqués. Ceux qui appréciaient l'homme ne voient plus que le loup, et ceux qui aimaient le loup sont d'autant plus rebutés par l'homme. A de rares moments, ces deux caractéristiques et ce qu'elles impliquent (le féminin et le masculin, le bonheur et la souffrance, le divin et le diable) se rejoignent pour produire une vision extatique de l'universel et de l'éternel. Un des déplacements vers de nouveaux concepts opposés en résulte : la vie est perçue par Harry comme une mauvaise plaisanterie, et l'homme n'est plus l'enfant chéri des dieux. Ce qui pousse Harry à la solitude, à la fois par inclination et du fait du rejet qu'il subit de la société. L'avantage de cette situation a été de permettre à Harry d'échapper à l'unidimensionnalité propre à sa classe d'origine. Mais l'absence de relations humaines a provoqué la suffocation, l'abrutissement, le désespoir et finalement la nausée suicidaire. Celle-ci, comme tendance, a ses vertus. La détermination de Harry à se tuer le jour de ses cinquante ans fait en sorte que son dilemme existentiel lui apparaît d'autant moins comme un piège inéluctable, et cela lui permet même de continuer à vivre. Ce désir de mort est peut-être méprisable aux yeux de certains, il n'en reste pas moins que le but poursuivi possède une grande dignité : Harry veut, au fond, «retourner à la mère, à Dieu, au Tout, ... afin de s'éteindre, lui, et d'en revenir au point de départ». Mais seule la vie rend ce voyage possible :

«Le chemin qui mène à l'innocence, à l'incréé, à Dieu, débouche non sur le loup ou sur l'enfant, mais sur le péché, toujours davantage sur la vie humaine».

Pour se retotaliser, Harry doit retrouver la vitalité de la vie dans sa magnificence comme dans son horreur, dans sa beauté comme dans sa laideur, dans l'ordre comme dans le chaos, dans l'extase comme dans la souffrance. On ne peut vivre selon une moitié d'existence, car ces oppositions se créent dans leur complémentarité même.

Mais Harry est loin d'admettre tout ceci. Dans les passages du livre qui précèdent le Traité, on le voit nourrir des pensées remplies de mélancolie à propos de son enfance idyllique et de sa jeunesse romantique; il médite sur les beautés de la nature, sur l'art, l'architecture, la littérature et la philosophie. Et nous le voyons également refuser ce monde où il vit, avec sa culture technologique, ses gens étroits du point de vue intellectuel et émotionnel, ses plaisirs faciles. Mais sa vie désœuvrée et solitaire, avec pour univers une chambre et une promenade aller-retour au bar, est pire que l'angoisse la plus profonde par sa stérilité, par les petits plaisirs qu'elle procure, et par le simple fait qu'il ne se passe jamais rien. Son ennui est alors la première cause de sa nausée suicidaire et de son désir de loup de vouloir tout écraser et détruire.

Dans les passages qui font suite au Traité, le loup surgit. Il se moque durement de l'hypocrisie du deuil au cours d'une cérémonie d'enterrement. Il autorise Harry d'aller à un dîner auquel un ancien collègue l'a invité dans l'ignorance des événements qui ont marqué le passé de Harry, puisqu'il a perdu son emploi, ses revenus, sa réputation, qu'il a divorcé de sa femme atteinte par la maladie mentale, que ses voisins le haïssent, qu'il a ensuite erré suite à la souffrance, et qu'il s'est senti coupable pendant des années. Mais le loup ressurgit subitement pour ricaner du sentimental Harry, un peu menteur, qu'il confronte ainsi à son hypocrisie. A la maison du professeur, le loup réagit face à l'ameublement sans âme et banal, à la suffisance du professeur et de son épouse; la critique du professeur contre l'article de Harry sur le militarisme allemand le met en fureur. Au dîner, Harry commence par mentir poliment. Et la nausée s'empare de lui. Une atmosphère pesante, de loup en fait, s'installe peu à peu, qui crée un malaise chez le maître de maison. Finalement, un rire éclate qui découvre les dents de notre loup aux yeux du professeur, rire qui est en réalité l'occasion d'une vive attaque de tout ce qui, en lui, est pomposité, sentimentalité vide et prétention. Harry un peu geignard, s'excuse: il n'est pas adapté à la vie sociale, dit-il, il boit trop, ajoute-t-il, il a mauvais caractère, et il avoue ensuite que c'est lui qui a écrit cet article qui a offensé le professeur. Mais le loup refait surface et rugit contre cette Allemange devenue folle de guerre. Humilié et défait, abandonné par la dernière personne avec laquelle il avait encore des contacts, Harry s'en va errer dans la nuit. Il ne parvient pas à aimer cet esprit bourgeois et il se sent obligé de l'attaquer, sans espoir. Il ne peut davantage s'aimer, il est seul emmuré dans sa propre prison, il a tout perdu désormais. C'est l'agonie. Il ne parvient pas à rejoindre sa chambre et à se regarder en face, il doit quitter la ville et s'enfuit à nouveau. Il va se tuer. A cette pensée, il prend soudainement peur: il craint la mort autant que la vie. Ivre, il erre de taverne en tarverne, jusqu'au moment où il s'engouffre à l'Aigle Noir.

La «piste d'or» l'y a mené. Comme le fait observer le Traité, la paralysie du loup des steppes n'est pas totale. Des visions subites d'un monde faisant sens, unifié et échappant au temps, le soulagent parfois. Il a vu cette «piste d'or» durant l'un de ces instants de communion avec la nature et avec l'âme des grands philosophes et des musiciens de génie, en particulier Goethe et Mozart. Il a cet éclair au cours d'événements qui sont en rapport avec ce que nous relate le Traité: un beau mûr ancien invitant les fous par une enseigne mystérieuse à pénétrer dans le Théâtre Magique, le cadeau du Traité par l'homme au panneau, et la rencontre à l'enterrement où l'homme lui dit: «va à l'Aigle Noir, mon vieux, si c'est cela ce que tu veux». Et là, il trouve Hermine. Il se dirige tout de suite vers elle, elle lui dit exactement les choses qu'il faut, avec douceur; elle l'aidera à s'endormir à la suite d'un rêve réparateur qui met en scène rien moins que Goethe.

Comme Harry s'en rendra compte par après, le portrait de Goethe chez le professeur le dérangeait parce qu'il s'y projetait : il s'est éloigné de sa propre vérité du fait de sa vanité, et même, de sa malhonnêteté. Après tout, il n'a pas l'intention de mourir pour le pacifisme ; il hait le capitalisme mais il aime avoir des actions ; il admire le courage et la vitalité mais cela ne l'empêche pas de se précipiter dans les foyers bourgeois pour se protéger des désordres, des accidents et de la mort. Il s'est posé en « champion de l'esprit dont le regard si noble brillait de l'éclat d'une pensée élevée et d'une grande humanité au point qu'il était presque convaincu lui-même de sa propre noblesse d'esprit ». Goethe a été, lui, l'une de ces authentiques figures de proue. Il connaissait l'angoisse dans ce qu'elle a de plus personnel comme il compatissait aux grands échecs de l'humanité ; ce qui ne l'a pas empêché de défendre « la foi et l'optimisme » et davantage encore, en pratiquant « la détermination inconditionnée et délibérée de continuer à vivre ». Il était sous le « charme de la vie » : dans le rêve de Harry, il joue avec lui, comme avec un enfant. Il danse de manière franche au son d'une musique fabuleuse. Il a aimé beaucoup de femmes, comme le suggèrent certaines allusions à sa maîtresse, Christiane Vulpius. Avant tout, c'est le rire qui le caractérise, car il est un Immortel.

Harry peut seulement s'identifier à une partie du personnage, ce qui fait de Goethe un être imposant. C'est Hermine qui lui apprendra à être totalement homme. Il vient à elle en lui demandant de le libérer d'une tension terrible : il ne peut ni vivre, ni mourir. Il veut arriver à faire l'un ou l'autre. Elle lui apprendra les deux. Harry est si peu capable d'agir, si prisonnier de cet entre-deux qui sépare la vie de la mort, qu'il se conduit comme un enfant. Voilà pourquoi Hermine prend le rôle de la mère et obtient ainsi l'obéissance que l'homme sans défense est plus que prêt à accorder : « elle me traitait, dit-il, de la façon qui était la meilleure pour moi, et cela sans faille». Elle perçoit ses intentions suicidaires, se moque de lui comme on le fait avec un gosse, le nourrit, lui donne du vin, le gronde, passe par-dessus ses protestations, et lui ordonne de dormir — d'où son rêve de Goethe. Elle le quitte parce qu'il ne peut danser avec elle, parce qu'il n'a pas le courage d'essayer et qu'il n'a pas suffisamment confiance en soi pour lui demander de rester avec lui. Sa réponse est une grande angoisse: son seul soutien peut s'effondrer et il sera alors encore face à face avec lui-même, seul, dans sa chambre.

Hermine le rassure en lui promettant de demeurer à ses côtés s'il apprend à danser. Par ailleurs, la tante du narrateur X devient une autre mère pour lui et lui recommande également, comme Hermine, de ne pas être si inhibé, et de «vivre comme cela vous plaît le mieux et de faire du mieux que vous pouvez». Il se sent libéré et à son aise avec elle, il s'ouvre en parlant de soi et oublie son amertume à l'égard de ses vieilles obsessions, la science et la modernité. Hermine lui a permis de se ressaisir, ayant commis les mêmes erreurs avant lui. Il n'est plus isolé puisqu'il y a des gens comme lui: il se sent enfin *compris*. Harry a cessé d'être un loup solitaire. Sans s'en rendre compte au moment de son entrée à l'Aigle Noir, il va servir de miroir à Hermine.

Maintenant donc, Hermine doit enseigner la danse à Harry. Il est peut-être un enfant, mais il en a alors les mauvais côtés: crédule et sans défense, exubérant, certes, mais aussi égoïste et craintif, «trop paresseux pour apprendre la danse, trop paresseux pour apprendre l'amour». Danser, c'est au fond restaurer les qualités positives de l'enfance, celles que Goethe manifeste par «sa curiosité et son amour pour une certaine oisiveté et pour tout ce qui est ludique», celles qui font jouir du moment présent, et qui permettent de «passer très vite du sérieux le plus profond à la joie la plus drôle, et cela sans se faire la moindre violence, à la manière d'un enfant doué». Le loup aussi a des vertus :

> «Et vous ne pouvez manquer de voir que chacune d'elles est bonne. Elles ne créent pas l'embarras. Elles savent toujours ce qu'il lui faut faire et comment se conduire. Elles ne flattent ni ne s'immiscent. Elles ne font pas semblant. Elles sont, tout simplement».

C'était la nature et la beauté de l'animal en lui qui avait attiré Hermine à l'Aigle Noir.

En dansant, Hermine défie l'intellectualité de Harry : elle l'a isolé de sorte «qu'il ne peut voir ni lire quoi que ce soit, désormais, dans les yeux des autres êtres humains». Cet intellectualisme lui a donné l'illusion que son esprit «a mis la vie à l'épreuve jusqu'à son fondement même sans y avoir rien trouvé», alors qu'il n'en avait même pas appris les leçons les plus élémentaires. Cet intellectualisme l'a également rendu impatient à l'égard des autres qui, eux, se sont contentés des valeurs qu'il ne comprend pas, sans doute parce qu'il ne parvient pas à réaliser que danser «est aussi aisé que penser, quand vous savez le faire, et bien plus facile à apprendre».

L'incapacité de Harry d'obéir à Hermine lorsqu'elle lui ordonne de danser à l'Aigle Noir lui révèle que vivre est plus difficile que mourir. A tort. Hermine lui enseignera bien vite le fox-trot. Le premier jour, il est raide et maladroit, il lui marche sur les pieds et la fait rire aux éclats par son inhibition d'intellectuel qui fait rater à Harry tout ce qui rend la vie facile : la gaieté, l'innocence, la frivolité, la souplesse. Il s'améliorera cependant au cours de la deuxième leçon, quoiqu'il découvre, avec horreur, que lui, «le vieux malade, timide et sensible» doive réellement danser le jour d'après à un hôtel. Il répète avec anxiété cette nuit-là en se fondant avec la musique d'un phonographe tonitruant, au milieu de ses photos et de sa poésie.

Mais il ne se sent guère prêt pour autant le jour suivant. Attiré par la belle Maria, blonde et joyeuse, si assurée dans ses mouvements, et à qui Hermine l'a confié avec insistance pour essayer les pas de danse du fox-trot à exécuter par après, Harry se lance. Avec Maria, il ne pense plus à ce qu'il fait quand il danse, et son corps s'en trouve alors tout entier absorbé, pris par le charme de son érotisme naturel et guidé par ses mouvements. Danser est devenu facile, comme vivre. Et la vie est enfin redevenue possible. Bientôt, un peu comme Goethe, il pourra de nouveau gambader «vers le haut, vers le bas, avec joie et agilité, au rythme des pas de danse et des figures».

La danse sert de métaphore à Hesse qui en use de façon exemplaire. Non seulement faut-il y voir une expression de la spontanéité de la vie, une action non verbale et la communication par le faire plutôt que par le penser, mais elle est aussi en rapport étroit avec la musique, donc avec Mozart — dont Goethe danse les airs — et par là avec les Immortels. La musique est une préoccupation essentielle pour Harry (et pour Hesse). Par Mozart et Bach, Harry, l'intellectuel, entre en contact avec les Immortels, avec leur rire serein; leur existence éternelle et la clarté de cette existence s'imposent à lui. C'est sur la musique de Pablo (qui devient Mozart, dans l'épisode du Théâtre Magique) que Harry danse maintenant. Pablo soutient que la musique, même la plus intellectualisée, a commencé avec l'humanité, parce que, quelle que soit sa forme, elle guide, conforte et inspire le sentiment d'humanité. Maria montre d'ailleurs à Harry qu'elle répond à la musique de Pablo comme on se met en harmonie avec la beauté : avec profondeur, exaltation et ouverture, et cela vaut bien n'importe quelle réaction du plus sophistiqué des intellectuels. Juste avant de faire l'amour avec Maria, Harry regrette que le mélange si prenant de l'intellectuel et du sensuel ait trompé tant d'intellectuels allemands, et les ait écartés du souci de donner un sens concret aux productions de l'esprit au point de laisser le champ libre à l'homme d'affaires et au général pour diriger les affaires du monde.

Les leçons que doit suivre Harry ne sont pas encore terminées. Hermine entame la dernière en apprenant l'amour à Harry. Il ne s'agit pas de l'amour tragique et idéalisé qu'il avait ressenti pour Erica, qui était si irritable et, comme lui, tendue. Mais il doit, plutôt, « apprendre à aimer un peu comme tout le monde »; bref, il doit simplement faire l'amour avec une jolie fille. Les effets de sa nuit dans le lit de Maria tiennent presque du miracle : il retrouve sa foi dans la beauté et la valeur de la musique; il réapprend la richesse de la vie des sens; il entrevoit davantage la grandeur d'une vie menée comme tout le monde, en même temps que la possibilité qu'elle offre d'accéder aux Immortels, au même titre que la vie de l'intellectuel. Plus important peut-être, il prend conscience de la beauté de son passé, avec ses émotions et les femmes qu'il a connues, « des richesses dont il a lieu d'être heureux ». Sa vie, enfin, lui apparaît « dotée d'un sens et de consistance, en étant orientée non vers des objets triviaux mais vers les étoiles ». Il peut maintenant « voir combien ce qui s'assimilait à de la chance était la destinée et que les ruines de son être étaient les fragments du divin ». Il est capable de rassembler les images éparses de sa personnalité, d'unifier le loup et l'homme, et « d'entrer dans le monde de l'imagination pour être immortel, le but qui permet le progrès de toute vie humaine ». Harry a jeté par-dessus bord son sentiment petit-bourgeois de culpabilité à l'égard de la sexualité, pour pénétrer dans le jardin de l'innocence : il est à nouveau un enfant, qui danse, qui se réjouit « de la surface de la vie, qui est jeu, et de la recherche du plaisir fugitif qui consiste à être à la fois enfant et animal, comme dans l'innocence de l'acte sexuel ».

Voilà la leçon de Hermine, dont l'encre du point final vient de sécher. Harry et Hermine vont pouvoir apprendre ensemble. Harry ne désire plus mourir de peur d'affronter la vie. Il a réappris à vivre. Mais le culte du plaisir ne suffit pas. Maria est une fleur d'été, dont le destin est de s'estomper. L'apaisement des sens satisfait le loup en lui, mais il permet surtout à Harry d'accomplir une tâche plus importante. Il comprend ainsi que Hermine lui a destiné Maria comme « prélude et préparation (...) chaque chose en poussant vite une autre (...), l'essentiel est à venir ».

A nouveau dans le jardin de l'innocence, Harry doit forcément en chuter, mais cette fois la manière importe. La chute se déroule en quatre étapes, avec une intensité accrue. Le premier stade, malgré les apparences au moment où il s'inscrit dans le roman, se situe lorsqu'il transcende la féminité de Hermine en une vision de l'éternité, qui est fort prenante et vraie. Mais c'est seulement une partie de la vérité que Harry saisit, et encore est-ce avec trop de sérieux pour un homme qui doit apprendre à rire de sa propre prétention. Le deuxième stade est l'adieu, devenu nécessaire, que Harry adresse et à Maria et au jardin de l'innocence. Le troisième consiste dans un autre renoncement, celui qu'il faut faire de sa vie antérieure, et que Harry concrétise au Casque d'Acier parmi les buveurs désenchantés. La quatrième étape est une vision qui le rend furieux: la nouvelle crucifixion, celle de Moïse, dans un film de troisième ordre. Quand Harry se rend au Bal costumé, il est de retour à la case départ.

Le jour qui précède, Harry et Hermine ont eu une longue conversation. Il a rejeté une vie axée sur les sens, sans but, comme il avait avant renoncé à une mort absurde. Hermine comprend et elle lui dit que leur vie est au fond celle des gens « qui existent à trop de niveaux ». Etonné, il apprend que si elle ne l'avait pas rencontré cette nuit-là, à l'Aigle Noir, elle aurait pu se suicider pour les mêmes raisons que Harry. Cette affirmation est d'une portée double si l'on se souvient que Hermine est l'anima de Harry. Tous les deux étaient des êtres à la recherche d'eux-mêmes et engagés totalement dans cette voie au point de découvrir que plus ils poursuivaient leur cheminement, plus ils s'isolaient des autres et plus leur existence s'imposait comme dépourvue de signification. Tous les deux s'étaient assignés de grands objectifs mais ils se sont finalement retrouvés dans un univers qui n'exigeait rien, pas de sacrifice ni de vocation:

« Quiconque veut de la musique et non du bruit, de la joie et non du plaisir, de l'âme et non de l'or, un travail de création plutôt que du *business*, de la passion plutôt que de l'illusion, ne peut se sentir chez lui dans ce monde de banalités qui est le nôtre ».

Hermine a l'intime conviction que tout le monde, à l'exception d'une élite, s'est toujours contenté d'un tel monde. Les quelques individus que l'on pourrait qualifier de chercheurs d'authenticité — parce que leur vocation les absorbe toalement; parce qu'ils accomplissent des actions vraies, avec sincérité, parce qu'ils aiment avec passion la musique, la joie, le corps des choses et la créativité, — ceux-là, pense-t-elle, ne peuvent que déboucher sur la mort. Et Harry, comme Hermine, la désire.

A ce moment on assiste à une mutation dans la narration qui met en scène une vision du monde où Harry et Hermine peuvent faire l'expérience anticipée de leur mort. La condition de base cette vision est l'éternité, la chute hors du temps. « L'éternité n'était rien d'autre que la rédemption du temps, le retour à l'innocence, et sa métamorphose en dimension spatiale ». Notre monde « du temps et de l'apparaître » est une illusion; le monde éternel est *la* réalité, peuplé par ces êtres, les Immortels, qui ont vécu la vie comme elle est réellement. Ils sont semblables à ces quelques êtres humains, pénétrés de la vérité de l'univers tel Siddharta, qui vivent une vie qui exige de grands efforts d'eux, la douleur est du voyage et il ne faut pas craindre la mort. Ce qui domine est la quête sincère de ce que l'on est, grâce à laquelle on découvre l'univers en soi, un soi qui se démultiplie en une infinité de cycles de naissance et de mort, c'est-à-dire de personnalités successives. Cet univers « au-delà du temps » est pour Hermine, qui fut chrétienne à une certaine époque, « un paradis doré, rayonnant de beauté et de paix »; on y trouve Dieu et ses saints. Pour Harry, il est « cristallin », il respire la « sérénité radieuse », la « clarté frémissante de l'éther », mais aussi le froid : « le temps s'est gelé pour devenir espace et au-dessus frémit une quiétude qui transcende l'humain et toute finitude; un rire éternel, divin en sorte ». Ce « rire est celui des immortels, un rire sans objet, la simple clarté et toute la lucidité du monde » :

« C'est ce qui reste quand un homme authentique est passé par toutes les souffrances, vices, erreurs, passions et malentendus humains, et qu'il les a traversés pour atteindre ce qui demeure ».

C'est là que vivent le Mozart et le Goethe de Harry, « capturés, refaçonnés ».

Harry parvient, grâce à sa conversation avec Hermine, à s'identifier complètement avec elle sur le plan de l'esprit, c'est-à-dire avec tout ce qu'elle symbolise : la spontanéité de l'enfant, la vie, l'amour, la beauté, l'intuitif, le féminin, mère et sœur. Il va au-delà de cette féminité pour saisir ce qui en elle est identique à lui, et qui se place dans l'ordre spirituel. Ce qui lui importe avant tout, dans cette identification, est leur croyance commune en une éternité :

« J'en avais besoin, car sans cela je ne pouvais ni vivre ni mourir. Le sens sacré de la transcendance, de ce qui s'étend au-delà du temps, d'un monde qui a une valeur en soi, éternelle, dont la substance est divine, m'est revenu aujourd'hui grâce à une amie qui m'a appris à danser».

Ensuite, Harry se sépare de Maria. Leur dernière nuit d'amour est la plus belle. Mais cela n'est pas suffisant. Harry veut plus: «une autre offre pour la couronne de la vie dans l'expiation de la culpabilité éternelle. Une vie facile, un amour facile, une mort facile, ne sont pas pour moi». Il se sent maintenant un peu comme Jésus: il lui faut atteindre la vie éternelle par la souffrance.

Le jour suivant, Harry a oublié son sens de l'éternité, Maria et Hermine. Il dort durant toute la journée, comme il en avait l'habitude, et il se souvient du Bal seulement au dernier moment. Seul, il pénètre au Casque d'Acier, qu'il avait déserté depuis longtemps, et il retrouve ses vieux compagnons, «les buveurs pleins de rêves et courbés, les désillusionnés, ceux qui ont été mes frères». Le loup ne s'en prend plus à la sentimentalité de Harry, il adresse un adieu silencieux à sa vieille existence avec «un sentiment de changement et d'abandon que ponctuent cent célébrations d'adieux».

L'épreuve ultime de Harry est un accident. Il entre dans un cinéma où il assiste à sa grande surprise à la projection d'un film sur Moïse et la sortie des Israélites d'Egypte. Un autre Immortel, un héros auquel Harry s'identifie, Moïse, est cet homme qui, dans l'enfance de Harry, lui «a fait entrevoir l'existence d'un autre monde que celui-ci». Bref, cela réveille en lui ce besoin d'éternité et le sens de la mission. Simultanément, cela lui rappelle aussi cette activité psychique si perverse qui se compose de déceptions et de frustrations que la société impose à ceux qui se donnent tout entiers à leur vocation. Il n'y pense pas seulement en voyant Moïse-le-divin poursuivi par les Egyptiens, abandonné par les Israélites devenus soucieux de leurs petits plaisirs avant tout, mais il voit tout cela dans un film, qui a comme tel une valeur marchande, et qui est présenté à des gens qui vont se laisser prendre aux trucs du cinéma, tout en mangeant des friandises, sans être vraiment affectés par ce qu'ils voient. Harry éprouve de la colère pour ces spectateurs et «leur prétention triste à la mort, à la condition qu'elle ne les entame que d'un millimètre».

Ses «refoulements secrets et sa terreur cachée» s'amplifient lorsqu'il réalise le peu de cas que fait l'humanité de ses Immortels. Harry entre donc dans ce Bal masqué plein de colère, de peur et d'inhibition, comme avant; il se sent à nouveau totalement seul. Il est clair qu'il n'a pas encore résolu ses problèmes. Il s'est seulement préparé à la solution. Lorsqu'il se trouve au milieu de la piste de danse, il se sent totalement exclu «de la danse, de la musique, des rires, du bruit», du microcosme social qui l'entoure, «artistes, journalistes, professeurs, hommes d'affaires, et bien sûr, de tous les adeptes des plaisirs dans la ville». Il s'assied pour boire avec les étrangers, ignore la fille qui l'invite à danser, et ne parvient même pas à se saoûler. Il réalise soudainement que «le loup des steppes se dresse derrière lui, la langue pendante». Furieux, il quitte la salle: «c'était une défaite et un retour à mon état de loup, Hermine ne me pardonnerait sûrement pas cela». Harry est tombé.

4. La dialectique psychanalytique des personnages

C'est ici qu'invoquer Jung s'impose. Souvenons-nous des trois éléments de la personnalité masculine: le Moi conscient (Harry), l'anima (Hermine) et le Soi (Pablo-Mozart). Gardons aussi présent à l'esprit que l'un des problèmes de base de l'être humain mâle est d'arriver à projeter ses propres caractéristiques féminines sur les femmes; que les conflits qui peuvent en résulter constituent les obstacles principaux à une meilleure connaissance de Soi; que le Moi doit intégrer l'anima (ce qui se réalise en «tuant» Hermine); que l'anima est cet aspect de la personnalité qui est le plus proche du Soi parce que davantage plongé dans l'inconscient (ainsi, Hermine conduit Harry à Pablo-Mozart). Il faut cependant se défendre d'appliquer tous ces concepts mécaniquement. En outre, mes remarques concernant les moments cruciaux qui ponctuent le livre ne peuvent rendre compte de toute la richesse de celui-ci, pas plus qu'une planche anatomique ne peut le faire pour l'homme. Mais je veux néanmoins mettre en évidence certains mécanismes, en isolant les opérations du Moi, de l'anima et du Soi telles qu'elles se dessinent au travers de la narration de Hesse. Elles trouvent leur synthèse en un seul homme, se mélangent et changent d'identité de plus en plus, au fur et à mesure que le Moi se rend compte qu'il fait partie de l'anima, et vice versa. Plus étrange encore peut-être, ces mécanismes s'accélèrent lorsque le Soi apparaît diversement comme Moi, anima et une infinité d'autres êtres.

Ainsi, et de manière inévitable, je vais commettre l'erreur de Harry: je vais considérer les personnages et ce qu'ils symbolisent comme des éléments et non comme un tout, dont les manifestations *multiples* ne sont telles que pour *l'une* d'entre elles, informe et non intégrée, le Moi ou Harry. Cette approche est malgré tout légitime dans la mesure où le roman nous apparaît à travers le point de vue de Harry, encore que le personnage principal soit Hesse, en fin de compte. Ceci devient d'ailleurs très clair lorsque Hesse crée le Théâtre Magique pour se libérer des entraves de son propre Moi. Une telle libération se produit de manière plus subtile, car plus familière pour nous, par l'entrée en scène de Hermine. Dans le Théâtre Magique,

Hesse pénètre, de manière imaginaire, dans une contrée psychique bien plus étrange.

Jusqu'ici, j'ai surtout mis l'accent sur le développement du caractère de Harry. Mais, avec Jung présent à l'esprit, je vais maintenant aborder celui de Hermine. Elle évolue elle aussi au cours de l'éducation à laquelle elle se livre avec Harry. Elle l'épanouit en devenant successivement les femmes de ses projections d'anima antérieures : elle a été ainsi mère, amie et sœur.

Son rôle de mère est assez frappant. Quand Harry émerge, à peu près ivre, de la nuit noire pour s'immiscer dans la clarté et la confusion du cabaret l'Aigle Noir, il subit un choc de la naissance tout symbolique, car Hermine le traite d'emblée et, avec insistance, comme une mère. Mais il y a naissance également à un autre niveau : la prostituée pâle et séduisante permet à Hermann Hesse d'enfanter ce qu'il y a en lui de féminin, de se délivrer de son *anima*, et cette projection originelle de la femme, c'est la mère.

Hermine va vite incarner un second personnage : elle devient alors la sœur, la compagne de l'enfance, dont Harry et Hermine reparleront plus tard, au cours d'une danse :

« ... ces années d'enfance, ce sont celles de la capacité d'aimer à ses débuts; elles n'étreint pas seulement les deux sexes mais tous et tout; le sensuel et le spirituel se trouvent marqués par le charme de l'amour, qui peut tout transformer avec une facilité de fée. Elle ressurgit parfois, des années plus tard, pour quelques-uns d'entre nous, et chez des poètes, mais rarement ».

A se stade de leur relation, Harry voit aussi dans Hermine un garçon qu'il a aimé jadis, son ami d'enfance, Hermann « le passionné, le poète, qui a partagé toutes mes aventures intellectuelles et mes extravagances ».

Les symboles jungiens pour le Soi sont ici l'enfance — le Soi originel, non fragmenté — et l'hermaphrodite — éléments mâle et femelle présents dans une même entité. Hermine, ou Hermann, est les deux à la fois à ce niveau, car le moi n'a pas dû encore adopter une fonction «mâle», et partant, la nécessité de projeter la féminité de sa personnalité sur une femme ne s'est pas encore imposée. D'où le sentiment de complémentarité profonde entre l'émotivité féminine de Hermine, sa nature poétique et l'intellectualité de Harry. Mais, aussi désirable que puisse alors être Hermine, Harry ne peut avoir le moindre contact physique avec elle. Il peut danser avec Maria, mais pas avec Hermine, comme si certains tabous s'immiscaient entre eux. Il s'agit, en l'occurrence, de la prohibition de l'inceste (avec la mère ou la sœur) et de l'homosexualité, qui font sortir l'individu de l'enfance au travers du passage de la puberté.

Cela n'empêche pas Harry de cultiver certains aspects positifs de son anima. Il peut se fondre avec Hermine au niveau spirituel, il peut marier son art de vivre à elle avec la connaissance qu'il a de la vie, il peut se laisser conduire par elle «dans la danse, le jeu et l'humour» tout en lui apprenant «à penser et à savoir». L'homme est toujours guidé par son anima vers l'univers maternel qu'il a perdu, vers l'amour dans ce qu'il a d'érotique, vers la vie terrestre la beauté en somme, la musique et le rire. De son côté, il amène la femme dans le monde du père, «l'esprit, le logos, le Verbe». La nuit qui précède le Bal masqué, Harry perçoit Hermine autrement que comme femme, il la voit tout simplement comme être humain, c'est-à-dire comme lui-même, comme une partie de sa propre personnalité qui se veut autonome à l'image de toutes les autres : l'anima de l'inconscient s'efforce d'être la totalité au même titre que le sujet de la conscience. Bref, il comprend que Hermine partage avec lui les mêmes souffrances, les mêmes épreuves, le même besoin d'éternité et de totalité. Au niveau des valeurs, Hesse peut accepter toutes ses caractéristiques féminines si appréciables.

Pendant la descente aux «Enfers» qui a lieu au Bal masqué, Harry se prend à défier les tabous qu'il respectait mais qui le séparaient de Hermine. Une carte l'invitant au Théâtre Magique et annonçant que «Hermine est en Enfer» le sort de sa paralysie. Il descend quatre à quatre les marches qui mènent à la salle du sous-sol, décorée pour représenter l'Enfer. Là, il va subir une sorte de purification qui est destinée à le préparer à l'expérience cruciale du Théâtre Magique.

Au fond, Hesse s'efforce de montrer par tout ceci ce qui résulte de la confrontation des éléments masculins et féminins dans sa propre personnalité : un des épisodes déterminants du roman se place au moment où Hermine voit Harry comme étant Hermann, et ils se rappellent la période de leur jeunesse qui était dominée par leur relation amoureuse, quand ils aimaient «tout et chaque chose». Ils rivalisaient pour obtenir les faveurs des mêmes filles, les conquérant comme homme ou comme femme forcément. La conscience de Harry se résorbe finalement dans «la fusion mystérieuse de la personnalité dans la masse, dans l'union mystique de la joie»; il est «intoxiqué et détendu par le Soi», possédé qu'il est par «le bonheur profond et presque enfantin que l'on éprouve pour un conte de fées», ne se différenciant plus de la masse des gens qui tourbillonnent autour de lui.

La foule fond à mesure que son intoxication croît. Le Soi atteint, les défenses détruites, les barrières psychiques abaissées, Harry est prêt pour Hermine. Les deux éléments de la psychè vont se fondre à tous les niveaux. Les tabous homosexuels ou incestueux n'existent plus: Harry et Hermine se rencontrent en une «danse nuptiale» où le physique et le psychique s'interpénètrent. Comprenons bien ce qu'il faut entendre par tout ceci : que Hesse ait ou non « fusionné » avec une femme réelle, ou qu'il l'ait simplement imaginée, en acceptant pleinement ce que Harry et Hermine symbolisent n'importe guère ; dans les deux cas, ce que Hesse a produit ce faisant est exceptionnel car il a abattu un des obstacles qui engendrent le plus de frustration chez les êtres humains : l'illusion que l'homme est simplement homme et que la femme est femme, alors qu'il s'agit là d'une fragmentation de la nature humaine. Unis par-delà la différence sexuelle, ils sont humains.

Ce dépassement de la frontière entre le moi masculin et l'anima ne suffit cependant pas. Plus proche du Soi et de ses impératifs, Hermine s'en est rendu compte bien vite, alors que Pablo jouait de la musique de danse.

> « Je ne vais pas t'apprendre à danser, à jouer ou à sourire, pour ensuite ne pas être heureux. Et toi, tu vas m'enseigner à penser et à connaître, et pourtant, tu vas ne pas en être heureux pour autant ».

Le moi et l'anima sont de simples parties du Soi total, ce sont les « enfants malheureux qui se sont échappés de la nature, et se retrouvent suspendus dans l'espace ».

Depuis la rencontre à l'Aigle Noir, la mort colore les expériences de Hermine comme de Harry. D'ailleurs, quand elle apparaît pour la première fois, Hermine, et son univers de l'Eros, est associée à la mort : elle est pâle et porte « une fleur fanée dans ses cheveux », un camélia, ce qui fait penser à la célèbre dame de Dumas. Peu après, dans son rêve sur Goethe, Harry est attiré et horrifié tour à tour par une jambe de femme miniature qui se mue en scorpion, lequel est associé au début du rêve à Vulpius, la maîtresse de Goethe.

La relation étroite entre l'amour et la mort s'impose avec évidence lors de la deuxième rencontre de Harry et de Hermine. Elle lui apparaît comme un « miroir magique », Hermine devient dès lors hermaphrodite, à la fois fille et garçon, Hermann. Sous le masque du moi et de l'anima réunis, Hermine lui dit qu'une fois qu'elle lui aura appris la vie, elle le rendra amoureux d'elle, et alors :

« ... quand tu m'aimeras, je te ferai part d'une ultime exigence, que tu rempliras, et ce sera mieux ainsi, pour tous les deux. Tu ne trouveras pas cela facile, mais tu le feras. Tu m'obéiras et après, tu me tueras ».

Leur vie ensemble, aussi riche va-t-elle être, doit finir. Cette « mort » sert à une plus grande maturation. Le visage de Hermine se fait masque, ce qui est le symbole jungien pour le Moi, un Moi qui s'est fait un avec l'anima, mais qui masque le reste du Soi encore non actualisé. En fait, nos deux personnages recherchent la mort, c'est-à-dire la disparition des entités masculine et féminine au profit d'une nouvelle naissance. Ces cycles de mort et de renouveau permettent aux multiples personnalités de transcender le temps et l'espace, de donner ainsi une unité stable au Soi comme étant cette transcendance, et de la faire accéder au royaume des Immortels qui sont ceux qui ont atteint l'unité avec l'univers.

La mort ainsi conçue n'a rien d'horrible; en fait, elle assure au présent — symbolisé par la vie amoureuse — une valeur importante :

« Vivons-nous pour abolir la mort ? Non, nous vivons pour la craindre et après pour l'aimer, car, c'est la simple idée de la mort qui donne l'étincelle de la vie, qu'elle illumine pour une heure de temps en temps ».

Ce qu'ils ont fait ensemble jusqu'ici, y compris l'exploration du monde de l'anima à laquelle se livre Harry dans le Théâtre Magique, a été positif. Mais la mathématique de l'âme fait que le positif, lorsqu'il est poussé à l'extrême, devient négatif, se mue en un mal. Harry s'en est plus ou moins rendu compte au contact de Maria : d'une sensualité qui est sa propre fin, et qui est donc sans fin, Harry passe aux valeurs plus élevées de l'anima, un peu avant le Bal quand lui et Hermine se mettent à contempler ensemble le monde qui résiste au temps. Mais Harry ne voit pas qu'il doit dépasser le stade de sa relation avec Hermine pour pouvoir entrer dans cet univers. C'est ainsi que, bien plus tard, il tournera le dos au «conte de fées» du Théâtre Magique pour la trouver et se présenter comme «l'homme accompli». Parce qu'il se limite à la désirer, il échouera, loin d'être accompli comme il le prétend. Il la tuera.

Quand le bal s'achève :

«Quelque part, à une distance interminable, très haut, un rire secoua l'atmosphère, on eût dit du cristal et de la glace, clair et joyeux, mais froid et inexorable».

L'Immortel rit du succès de Harry, qu'il juge si peu important. Harry, en fait, éprouve une grande angoisse face à l'union terrifiante mais si profonde avec mille autres âmes. Le Théâtre Magique vient d'ouvrir. Quand Hermine conduit Harry dans ce Théâtre, Hesse nous initie aux expériences complexes de la révélation du Soi, ce qui aboutit à la terreur et à l'horreur, comme à la variété, à la richesse, à la nature fantastique et magique du monde intérieur qui est promesse de liberté, de renouveau et d'accomplissement. A travers sa comédie bizarre et les ironies de l'histoire de Pablo-Mozart, le Théâtre Magique communique le sens de l'humour au sombre et tragique Harry. Cet humour qui le renvoie au monde va cependant lui causer du mal pour les difficultés et les épreuves futures qui vont s'interposer dans la conquête de soi. Le ton de Pablo sera comme celui utilisé dans le *Traité* et comme celui qui accompagne le sourire de Siddharta : «peut-être gracieux, peut-être moqueur».

Pablo est apparu jusque-là à Harry comme un personnage mineur dans l'univers de Hermine. Il est beau, vigoureux, enfantin, et se comporte comme un jeune musicien qui aime les aventures féminines tout en se mouvant à l'aise dans le monde interdit des proxénètes, des homosexuels et des revendeurs de drogue. Ses yeux ont fasciné Harry; ils ont souri, mais comme un vide s'est fait jour. Est-ce le vide du Soi mystérieux ou le regard absent de Dieu? Ils deviennent ensuite les yeux d'un animal — on pense au loup — mais à l'inverse de l'animal, ils sont rieurs, et l'on pense à l'Immortel. Ensuite, ses yeux sont ceux d'une sorcière, — ce qui efface donc le réel — comme Hermine, pour prendre l'apparence d'un miroir pour Harry, «un peu perdu et terrorisé». Des yeux noirs qui réfléchissent la nuit du Soi, tout comme les yeux gris de Hermine définissaient l'entre-deux incertain qui sépare le monde de Harry de celui de Pablo.

C'est alors que Pablo va initier Harry à certaines drogues qui vont l'amener à imaginer un monde éternel: ce monde, il le comprend enfin, se trouve en lui. Il tend deux autres miroirs à Harry. Le premier réfléchit une vision du Moi, celle de deux formes, qui se superposent, un loup et un homme «extrêmement triste, tourmenté, effrayé» et en colère même. Quant au loup, il est loin d'être sauvage: il est «timide, beau et fasciné», ce qui attire Harry, sous l'impulsion de Hermine, dans le monde de l'enfance et de l'animalité. Au Théâtre Magique, Pablo lui montre le miroir de l'homme unidimensionnel, pour qu'il puisse commettre «le suicide de son insignifiance», c'est-à-dire qu'il détruise la conception egotique du Soi. Ce n'est donc pas une mort définitive, dont il s'agit. Harry redeviendra sans doute un loup des steppes, mais mieux avisé. Pour l'instant, ce qui importe est que Harry se soit affranchi de son Soi réel, ce qui lui permet de découvrir des milliers de Harry dans «un miroir gigantesque» qui renvoie ces images démultipliées, mais toutes comiques: «des adolescents, des garçons, des écoliers, des garnements, des enfants»; il voit aussi des quinquagénaires et des vingt ans jouer à saute-mouton, des enfants de cinq ans «solennels et joyeux, dignes et comiques, bien habillés et déguenillés, et même tout nus, avec et sans cheveux». Ils se cognent les uns les autres au-dedans et au-dehors du miroir. Harry se jette alors dans les bras de Pablo et s'en va avec lui.

Harry est prêt, pour accéder au Théâtre Magique, avec son nombre infini de portes qui conduisent à un nombre infini de chambres, et dans chacune, un nombre infini de vies pour chacune des âmes infinies de Harry. Pablo dirige Hermine à la droite de la scène et Harry à la gauche. Ce détail a son importance. D'après Jung, on associe traditionnellement la droite au côté masculin, «le rationnel, le conscient, le logique et le viril; la gauche représentant l'inverse». Bref, Harry doit encore s'enfoncer davantage dans le monde féminin de l'anima, tandis que Hermine se familiarise avec le Soi masculin que lui réfléchit Harry. A la fin du tour, elle se retrouve avec deux hommes: Pablo, l'amant, et Harry, l'assassin. A la fin de son tour à lui, Harry la retrouve. Préparé par une «agréable danse, le traité, et quelques stimulants», Harry sort de sa peau de loup des steppes et s'engage dans la première des cinq pesonnalités, qui se comptent par milliers, qui permettent d'atteindre un Soi authentique.

Harry, bien que pacifiste, se livre à une drôle de guerre. Lui et son ami Gustave — un garçon un peu sauvage qui est devenu théologien protestant — militent ensemble pour le contrôle des naissances, l'écologie et la lutte contre la technique. Ils mitraillent une demi-douzaine d'automobiles avec leur occupants, tandis que les véhicules étaient en train d'écraser des piétons. De quel côté se situer n'est pas la vraie question: ce qui compte est de réduire la population, de détruire cette civilisation de la machine et de permettre ainsi un nouveau départ. Harry est d'accord, bien évidemment, avec tous ces buts mais ce sont les moyens qui l'auraient retenu jusqu'alors, mais pris par une orgie de mort, qui fait penser à l'Enfer, lui et Gustave ont décidé de faire joyeusement du vacarme et des farces, tout en profitant du paysage dans leurs moments de loisir. Harry, en fait, se plonge dans la violence, l'irrationalité et le chaos qu'il a réprimés toute sa vie. L'acte gratuit qui consiste à massacrer des hommes et des machines met un terme à toutes les valeurs qu'il avait respectées jusqu'alors.

Ce qui relie cette atmosphère d'irrationnel à l'univers de Hermine, c'est Dora, une délicieuse sténo-dactylo qui surgit de la voiture en miettes du procureur Loerding, un homme mourant, qui a les mêmes yeux gris que Hermine. Un débat s'ensuit où ils traitent des mérites de leurs actes, ce qui est un autre thème en rapport avec Hermine — l'enfance — et avec le Théâtre Magique, la folie. Harry et Gustave en viennent à la conclusion que, si leurs actes sont infantiles et fous, ils n'en sont pas moins moralement équivalents à ceux du procureur qui tue par devoir, ou à ceux ordonnés par les états sur-organisés, dominés par la technique, qui tuent l'âme des hommes dans la routine et le nivellement généralisé. La société contemporaine est folle et elle se meurt, de quelque façon qu'on la considère. Harry, au moins, s'amuse. Lui et Gustave marquent une pause dans le massacre quand ils aperçoivent un pillard errant parmi les voitures endommagées et qui s'arrête pour prendre son déjeuner dans cette si jolie campagne, pour l'admirer. Ils éprouvent un fort sentiment de dégoût face à tout ce sang versé à la vision de « cet homme dont le comportement était sans méchanceté, pacifique et enfantin, comme plongé dans un état d'innocence ». Pourtant Hesse assène un dernier coup à l'autre camp : « mais durant la guerre il doit y avoir eu des généraux qui ont dû être comme cela ». Ils quittent leur cache d'où ils tirent, pour suivre l'exemple de notre bougre, et s'offrent un bon déjeuner, Harry ayant l'intention d'avoir Dora comme dessert.

Suite à cette saine décision, la guerre se trouve finie. Par sa première incursion au Théâtre Magique, Harry est immergé dans l'élément destructeur qu'il a toujours abhorré, mais il trouve l'expérience émotionnellement et moralement valable. Débarrassé de ses vieux démons, il se tourne vers des centres d'intérêt plus captivants : l'innocence, la paix, la nourriture et le sexe.

Il y a un interlude qui se situe au moment où Harry recherche une autre chambre. En chemin, huit signes l'initient à d'autres expériences. MUTABOR, qui le mène au-delà des âmes humaines animales et végétales, des Soi qui sous-tendent la personnalité humaine. KAMASUTRAM l'incite par un cours pour débutants à apprendre les quarante-deux positions sexuelles. AGREABLE SUICIDE suggère la destruction de ce sale Moi en le déchirant morceau par morceau par le rire, comme les fragments de Harry qui surgissent du miroir fantastique. SAGESSE DE L'ORIENT promet un voyage vers la spiritualité pure, tandis que LA CHUTE DE L'OCCIDENT tente Harry à poursuivre sa chasse à la Grande Automobile. ABREGE D'ART lui apprend par la musique l'éternité et l'espace infini. LARMES DE RIRE vont synthétiser le tragique et le comique de la vie de Harry par l'émotion qui les contient tous les deux. LA SOLITUDE A LA PORTEE DE TOUS va l'instruire quand à la façon de trouver une société qui permet le rire, qu'il voit maintenant matérialisée par le Soi, en échange pour celle, ennuyeuse, qui renvoie au Moi.

Harry évolue du chaos de la Chasse à l'Automobile à l'unité de la personnalité du jeu d'échecs. Celui-ci ne résume pas seulement ce qui se passe au Théâtre Magique, mais renvoie aussi à la pluralité des Soi de Siddharta en même temps qu'il annonce le Jeu des perles de verre. L'importance en est mentionnée tout à la fin du *Loup des steppes*. Par opposition à la science, ce jeu montre que l'unité et l'infinie variété ne sont pas contradictoires. On a autant de pièces — les mille âmes du miroir fantastique — qui ont chacune la même origine et existent par le même individu. Les combinaisons sont pratiquement infinies aux échecs, et par là, de nouvelles personnalités peuvent s'exprimer. Ce qui n'empêche que toutes appartiennent « à la même réalité et se réclament d'une origine commune. Mais chacune est entièrement différente, nouvelle ». Cet art de vivre est même accessible à l'illuminé qui peut réaliser les nombreuses possibilités qu'il y a en lui et qui serait, sinon, destiné à l'asile si on le confiait aux scientifiques, unidimensionnels. La route qui lui reste ouverte, comme pour Harry, ou Hesse, est celle de l'art et de l'imagination que cultive l'homme bidimensionnel. C'est ainsi que Harry va faire l'expérience de la dualité, en tant que loup des steppes, et de la multiplicité par la folie.

Si l'on pense à la comédie de la chasse aux voitures, il faut lui opposer la destruction diabolique du Soi, le péché cardinal qui va entraîner l'holocauste que l'on sait. Après le carnage, Harry va se ressaisir, éclairé par la repersonnalisation du joueur d'échecs, il va apprendre à voir dans le loup, qui le submerge parfois, autre chose qu'un principe donné une fois pour toutes qui conditionne tout ce qu'il y a de mal en lui. Il va accepter ses instincts comme quelque chose de « grand, de beau, et de noble ». Le loup a pourtant « appris à aller à l'encontre de sa nature ». Réprimé par le dresseur un peu pompeux qui « a une ressemblance malicieuse et décidément désagréable » avec Harry, le fier animal est devenu un chien docile, affamé et couard. Sa nature est tellement pervertie qu'il se met au chocolat plutôt que de continuer à être carnivore. Cette répression qu'exerce le Moi à l'encontre de l'animal se retourne contre lui : le dresseur-censeur doit abandonner son contrôle au loup; mais la soumission qui s'ensuit ne débouche pas sur l'élimination puisque cela équivaudrait à tuer la vie elle-même.

Maintenant l'homme passé sous l'emprise du loup se comporte comme un animal : il dévore un agneau, un lapin, boit leur sang. L'horreur et la peur s'emparent de Harry ; le sang et le chocolat se mêlent dans sa bouche. Harry fuit. Il ressent cette aventure de pouvoir inversé comme la destruction de toute humanité, une perversion infâme de ce qu'il y a de mieux dans sa double nature au point qu'il envisage les traumatismes causés par les horreurs de la Première Guerre Mondiale comme presque humains en comparaison de ce qu'il s'est infligé à lui-même :

« Aujourd'hui, j'ai compris qu'aucun dresseur d'animaux, aucun général, aucune personne aussi démente soit-elle, ne pouvait produire une pensée ou une image que je ne puisse opposer et qui ne soit aussi effrayante, aussi sauvage et mauvaise, aussi grossière et stupide ».

Ce que Harry pensait avoir de plus civilisé et de plus noble en lui contient en germe la brutalité et la guerre.

Harry, en paix avec le loup, se met alors à aimer toutes ces femmes dont il ne s'occupait guère jusqu'alors. Il connaît l'amour dans ce qu'il a de plus «inimaginable, effrayant, mortel». On pense à l'épisode, très sensuel, du premier amour de Harry, Rosa Kreisler, à laquelle il identifie Hermine. Il vit là une passion qui lui fait éprouver la beauté de tout ce qui est. L'animal en lui devient rivière, vent du printemps, feuille d'automne. Pénétré de cette atmosphère qui respire «le plaisir et la douleur du printemps», il voit en cette fille «le pressentiment fatal, celui de la femme». L'amour qu'il vit lui fait entrevoir ce que ce sentiment recèle «de possibilités si grandes, de promesses, de charmes indicibles, d'étonnements inconcevables, mais aussi d'angoisse, de souffrance qui libère la culpabilité la plus intérieure et la plus profonde». Avant son passage au Théâtre Magique, il avait déjà rencontré Rosa, mais il l'avait laissé passer, sans dire mot. Libéré par son initiation opérée par le Théâtre Magique, il lui avoue son amour, auquel elle répond, et les jours qui suivent voient leur liaison s'instaurer. Les épisodes qui suivent mettent en scène toutes les femmes possibles. A la fin de « ce flot incessant de séduction, de vice et de multiples vies »,

> « j'étais calme et silencieux. Equipé en savoir, en sagesse, en expertise même, j'étais mûr pour Hermine. Elle est venue, inscrite dans ma mythologie abondante en tant que dernière figure de la série. C'est alors que je me suis ressaisi et que j'ai mis un point final à ce conte de fées amoureux. Je ne voulais pas la rencontrer dans ce crépuscule d'un miroir magique. Je lui appartenais, non pas comme une pièce dans une partie d'échecs, mais totalement. Maintenant, je coucherais bien toutes les autres pièces de la partie, de telle sorte que tout soit centré sur elle et mène à la plénitude ».

Le côté gauche du Théâtre Magique offre à Harry la possibilité de se marier, l'Enfer est le lieu de la danse nuptiale. Au cours de la chasse aux automobiles, il a apprécié l'irrationnel, et l'humour dont il est chargé, en même temps qu'une certaine candeur à le pratiquer. Harry domestique le loup en lui et assure l'harmonie entre l'homme et ses instincts. Dans le dernier épisode, il fait l'expérience des jouissances que procure l'amour sans réserves d'une femme et acquiert le pressentiment de l'infinie variété et de la beauté du jeu d'échecs, tellement humaines. Dans un dernier effort pour retrouver Hermine, Harry voit le dernier signe, il a un frisson d'effroi quand il le lit : COMMENT ON TUE PAR AMOUR.

Harry quitte le monde de Eros, ayant pleinement réalisé l'union de la nature et de l'humanité. Il renie alors ce qui l'a rendue possible : le Théâtre Magique lui reste en mémoire pour ce qu'il est, quelque chose de magique justement. Le Moi reprend le dessus, et renie ce qui lui a permis de se construire. Pour Harry, Hermine est la réalité, « il lui appartenait corps et âme ». Une seconde erreur : Harry prend la partie pour le tout, l'anima pour le Soi. En se libérant de l'angoisse qu'il éprouve avec les femmes, Harry pense avoir atteint le sommet alors qu'il n'a guère dépassé les premières collines. L'insensé ne se détourne-t-il pas toujours du monde intérieur, le lieu où se définit la réalité humaine, au profit de l'extérieur du fait physique.

Réaction instantanée. La mort lui saisit le bras. Harry répond à « l'appel du destin » sans hésiter, le destin de l'homme qui doit apprendre l'erreur par l'expérience. Oubliant son rejet du Théâtre Magique comme pure fiction, il agrippe les pièces qu'il avait emportées lors de la partie d'échecs, mais elles se sont transformées en un couteau. Il a chuté. Le miroir géant ressurgit. Il n'y voit qu'un loup, beau mais brutal. Pablo, Hermine et le maître d'échecs ont disparu. Il regarde le miroir à nouveau. Il est devenu tout petit, il ne perçoit plus que son Moi. Le vieil Harry lui fait face, las, avec des cheveux gris, fruit des assauts qu'il s'est livré à lui-même. L'attente de la mort : les joueurs d'échecs ne peuvent plus lui venir en aide et seul le couteau peut désormais le délivrer.

C'est à ce moment que le Soi de Harry refait surface pour le guider, sous l'apparence de la seule forme à laquelle Harry puisse répondre : Mozart. L'immortalité de sa musique lui devient tout intérieure. Il renonce à la mort qui se traduit en une simple idée, une expression romantique pour l'intellect raffiné. Mutilé, le loup est abandonné : c'est de l'auto-amputation que vient de pratiquer Harry pour mieux s'engouffrer dans la brutalité, aussi terrible, de l'amour. Don Juan, le Don Giovanni de Mozart, voilà ce qu'il est devenu, à l'instant où il assassine un homme qui, changé en statue, s'écroule devant lui et va l'emporter en enfer : Harry a voulu se cacher de lui-même, et le Soi, symbolisé par l'immortalité de la pierre, va le torturer jusqu'à ce qu'il le reconnaisse. La musique, terrifiante, recèle le rire.

Confronté à Mozart, Harry oublie tout à la fois le Théâtre, la mort et Hermine. Il manifeste de la servilité avec le Maître pour qu'il ratifie ses prétentions intellectuelles. Harry réifie le Moi en une divinité, il est la perfection. Alors que Pablo parlait comme Mozart au début du Théâtre Magique, Mozart, un peu décevant, s'adresse maintenant comme Pablo. Mozart ne se laisse pas impressionner par le tir de barrage d'érudition dont Harry fait preuve. Mozart montre à son nouveau Don Juan où se trouve l'Enfer réel: c'est la punition qui s'inflige au «superflu», que Hesse symbolise par Brahms, Wagner et les efforts littéraires de Harry (Hesse lui-même). Car, tout acte humain qui ne conduit pas à la réalisation de soi érige une barrière entre le Moi et le Soi, précisément. Les plus grandes réussites ne sont rien si elles ne permettent pas d'accéder ou de faire accéder à une plus grande humanité. Un «grand» homme ne présente que peu d'intérêt — et Hesse se met, à cet égard, sur le même plan qu'un Brahms ou un Wagner — à moins qu'il ne parvienne à universaliser, c'est-à-dire à immortaliser, ce qui est personnel.

Harry enrage de voir ses actions méprisées — Mozart l'insulte en argot du dix-huitième siècle — et il s'en prend à son dieu comme s'il était son égal. Sur quoi, Mozart se raidit pour se retirer dans le monde glacial des Immortels, l'univers éternel du Soi. Harry n'est pas préparé pour tout cela, malgré son incursion illusoire chez Eros. Pourtant, au cours d'un ultime moment de lucidité, Harry savoure la jouissance «d'une gaieté aiguisée et lumineuse, d'un désir de rire comme Mozart». Peu avant de commettre un acte «tragique», il a l'intuition que l'univers de l'homme total est le lieu d'une comédie grandiose.

Un sursaut de conscience amène Harry une fois encore devant le grand miroir de l'âme, dans une situation comparable à «celle qu'il avait connue la nuit où il visita le professeur et regarda les gens danser à l'Aigle Noir». Il revoit le chemin parcouru: sa maturation, la spontanéité de la danse, les intuitions qui l'ont traversé au Théâtre Magique, le rire qui secoue l'univers. Tous ces événements lui ont fait dépasser la peur «de la danse, des femmes et des couteaux». Un autre regard et il se découvre tout ce qu'il a été: l'adolescent, le philosophe, le musicien, l'adepte de la mystique orientale, le buveur solitaire, l'amant plongé dans le sensuel et l'idéalité de la femme, l'homme du Théâtre Magique, qui est un anarchiste, un athlète de l'érotisme, mais aussi un être qui cultive le contact des Immortels. Ces efforts ont été héroïques, il a «percé de manière répétée la toile du temps et rompu le déguisement du réel, et pourtant, il est resté prisonnier». Il est toujours «le vieil Harry, ce viel imbécile ennuyeux».

Harry, amer, va briser le miroir et retourne au Théâtre Magique, qu'il trouve portes closes. Il se fait loup à nouveau; avec son couteau en main, il se dirige alors au-devant d'un «étrange mariage». Il marque une pause avant de forcer la seule porte fermée du Théâtre. Il s'écrie, avec mélancolie: «Ô, Rosa! Ô jeunesse qui m'a fuit! Ô Goethe! Ô Mozart!» Il entre et voit alors les corps nus enlacés de Pablo et de Hermine, «côte à côte, plongés dans le profond sommeil qui apaise après l'amour». Sans aucune émotion, presque mécaniquement, Harry enfonce son arme dans la poitrine de Hermine. Elle ouvre les yeux, «frappée de stupeur», et meurt. Pablo s'éveille alors, il sourit et recouvre le corps là où Harry l'a meurtri. Il se lève et part. C'est à cet instant que Harry sort de sa propre paralysie, partagé entre l'horreur, la confusion et un sentiment de grand chagrin. Il a commis le mal absolu, dépassant en abomination tout ce qu'il s'est infligé à lui-même en tuant le loup en lui. Le «cœur de la vie» s'est arrêté par sa faute. Mais la froideur qui s'est emparée de Hermine fait subitement place à la musique des Immortels: et Mozart revient.

Harry a cependant la sensation, fort diffuse, d'avoir fait ce qu'il devait. Son acte est à la fois bien et mal. Symboliquement, il faut comprendre cet épisode comme suit: alors que Harry — le Moi — explorait le côté gauche du Théâtre Magique, le royaume de l'anima, Hermine s'en allait visiter la partie droite, ce qui l'a conduite auprès de Pablo, le Soi masculin accompli. Son émotion et son étonnement au moment où elle meurt, quand Pablo lui sourit, évoque la réintégration de l'anima dans le Soi et la volonté de mettre fin à l'existence d'une entité indépendante. C'est pourquoi son corps évoque la froideur tandis que la musique signifie l'éternité du Soi, l'universel qui transcende le continuum de l'espace-temps dans lequel le Moi est englué. Harry a donc agi adéquatement avec ce qui, dans sa vie, est «ce qu'il y a de plus profond et de plus beau, l'esprit, l'art et la pensée»; en fait, le Moi masculin met un terme à son principe féminin en réponse aux besoins de l'anima comme aux siens propres. Mais l'acte de Harry, pour conforme qu'il soit à une certaine nécessité juste, n'en est pas moins fondamentalement mauvais. De nouveau, il faut entendre cela en termes d'images psychiques: isolé et extérieur à l'anima comme au Soi, le Moi n'a pas réussi à prendre conscience, c'est-à-dire possession, de son fondement. D'où la surprise, la confusion et le chagrin, et ensuite l'horreur qui traduisent l'aliénation face à l'émergence de l'être total. Par conséquent, bien que le Soi masculin se totalise, il ne s'intègre pas au Moi. Ce qui fait que Harry ne se sort pas de ses problèmes.

Maintenant, on peut bien évidemment envisager l'acte assassin non dans sa symbolique psychologique, mais en tant que démarche insérée dans le social: ce qu'un homme fait à lui-même, il le trouvera justifié de l'appliquer aux autres, surtout s'il réagit à ceux-ci en tant qu'il se projette en eux. Même si cette projection fait l'objet de refoulement, originellement destiné à honorer les droits et les besoins d'autrui, cela ne marchera pas pour autant. Le désir, ainsi défini, se trouvera tout simplement chassé du conscient vers l'inconscient où il se développera à l'aveuglette mais en dehors du contrôle de la conscience afin de prendre une autre forme. Hors de toute censure, les actes qui vont en découler seront destructeurs. Si la civilisation, que l'on cernera comme produit et, en retour, comme formateur de la conscience, commande que l'individu refoule au lieu d'intégrer, alors la civilisation ne peut qu'engendrer l'autodestruction. En ce sens, elle est trop neuve et trop faible pour défier un inconscient culturel qui n'est pas seulement enraciné en l'homme mais qui participe également de l'animal, du végétal, et en dernière analyse, de l'inanimé (la pierre). Mais si la civilisation exige la mort de la quasi-totalité du Soi, elle aussi ne pourra que succomber. William Blake, dans *Le Mariage du Ciel et de l'Enfer* a écrit cette phrase que je trouvais si choquante quand je l'ai lue pour la première fois : « il vaut mieux tuer un enfant dans son berceau que chérir un désir sans effet ». Même si l'on fait abstraction du fait que veiller des désirs qui ne débouchent pas suscite le meurtre dans le cœur, précisément pour cette raison, on doit aussi se rendre compte de ce que ce conseil implique : l'homme qui n'est pas prêt à se débarrasser de « l'enfant dans le berceau » devra tôt ou tard consentir à une autre forme d'extermination. Finalement, que Hermine soit ou non un être réel que l'on tue n'a strictement aucune importance vu le plan auquel on se place. Si Harry tue le symbole d'une femme, il peut tout aussi bien agir de même face à une femme réelle, et l'on pense autant à une arme comme un couteau qu'à la plus vraisemblable torture brutale de la haine quotidienne. Une seule échappatoire demeure : la synthèse des forces contraires admises comme telles, une totalisation, une synthèse par-delà le « conflit » nécessire et sain qui s'insinue au cœur des tendances humaines et les révèle. Une fois que l'on abolit le problème en le ramenant à ce qui n'est plus problème, on le dépasse en quelque sorte. Comme le dit Alan Watts, «même s'il y a bataille, il y a champ de bataille, et quand les combattants s'en rendent compte, il y a généralement danse de guerre à la place de la guerre réelle[4].

Pas de meurtre *réel* en fin de compte. Harry doit apprendre à rire.

Aucune expérience de la vie n'est superflue. L'acte criminel de Harry a un effet. Il sent bien qu'il est tombé dans le mal absolu en détruisant ce qu'il croit être, à tort, le fondement même de son existence. Une tension disparaît avec la mort de Hermine, ce qui permet à Harry de repartir plus fort mais plus seul. C'est seulement en acceptant qu'il peut faire le mal, en se rendant compte de tout ce qui en lui peut l'amener à faire de mal, que l'homme mûrit, et par le bien qu'il ne se prive jamais de souligner, il peut ainsi s'élever «par-delà le bien et le mal» vers le divin qui est Tout.

Le retour de Mozart souligne cette idée. Il réapparaît dans des vêtements du vingtième siècle et tient en main le symbole même de la technologie contemporaine, un poste de radio: curieusement, il «assassine» la musique, comme Harry, Hermine. Harry ne perçoit pas l'analogie, car il s'indigne en entendant les sons tonitruants qui s'échappent du poste. Il ne voit là que la manifestation de la destruction, par un Moi désormais sans ressource, de l'art comme forme la plus haute de l'esprit. Mais Mozart lui-même va éclater de rire. La technique moderne n'a pas plus de réalité que le Moi éprouvé de Harry, lequel ne comprend pas que son conflit avec ce qu'il y a d'éternel en lui est semblable à celui de la technique et de l'art. Quand Mozart spécifie cela, il commence à saisir que la décision de tuer

---

[4] A. Watts, *Psychotherapy East and West*, p. 59 (New York, Pantheon, 1961).

Hermine vient de lui et non de l'attitude de Hermine. Mais il ne voit toujours pas qui «il» est au juste; bref, il ne sait pas qu'«il» est Harry, mais aussi Hermine et Pablo-Mozart. Ainsi, Harry pense avoir tué quelqu'un d'autre et il jure qu'il n'a «d'autre souhait que de payer pour ce qu'il a fait, de payer encore, et encore, et encore... de mettre sa tête sur le billot et de payer par le châtiment de la destruction».

Mozart se moque de lui à nouveau. Les ravages du Moi à l'égard du Soi ne peuvent être combattus par l'annihilation. Seule la prise de conscience du rapport du Moi au Soi permet de s'en tirer. L'attitude inverse ne peut mener qu'à une fin réelle, le suicide physique. Mozart l'accompagnera donc; ce qui revient à «tuer» le Moi, encore que ce soit de manière différente, puisque l'humour va prendre le pas. Un humour qui embrasse la vie et la mort, du fait du point de vue totalisant éternel que Mozart adopte, à l'image de Siddharta. Mozart emmène Harry à la guillotine et «lui ôte la tête» en incitant douze hommes à éclater du plus grand des rires. Ceci signifie, en dépit du mystère hessien du chiffre douze, que la «tête», ou le Moi *est* coupée du reste de la personnalité qui rejette le sérieux tragique du Moi comme incompatible avec la nature de l'homme. Harry devient alors inconscient.

A son réveil, Harry se voit vivement condamné par Mozart pour aimer la souffrance, la mort, et tout ce qui est tragique. Harry devrait montrer plus de courage. Il le menace même de la réincarnation de Hermine. Harry se cabre. Mozart préfère alors lui commander de s'accommoder de notre époque contemporaine et de rechercher l'éternel au-delà de la technique qui la caractérise.

«Tu dois vivre et te mettre à rire. Tu dois accepter d'écouter cette maudite musique de transistor. Tu dois apprendre à révérer l'esprit qu'elle recèle, et rire de l'écart. Voilà où tu en es. Plus que cela ne te sera pas demandé».

Oubliant le pouvoir de Mozart, Harry se rebelle. Il se voit offrir une de ces «délicieuses cigarettes» par Mozart qui se tranforme à nouveau en Pablo, lequel prend alors une autre forme, celle du Maître du jeu d'échecs. Harry retrouve le sens de tous ces possibles qu'il avait éprouvé avec le Théâtre Magique. Le couteau, lui, s'évanouit pour laisser la place aux joueurs d'échecs. Pablo prend l'allure d'un géant, tandis que Hermine rapetisse à la dimension d'un jouet, le fameux petit scorpion de Goethe. Le Moi ne serait-il, en fin de compte, que le simple jouet du Soi, destiné à inciter le Moi à le reconnaître et à lui accorder les vastes possibilités sur le plan de la conscience, telle la cigarette qui a permis de faire accéder Harry au Soi dans le Théâtre Magique ?

A la fin du roman, Harry comprend tout, l'espace d'un moment. Il voit que Pablo est Mozart réincarné en ce siècle. Harry, inspiré va se mettre à jouer aux échecs, encore et encore.

«Un aperçu de sa signification a bouleversé ma raison et j'étais déterminé à recommencer la partie à nouveau. Je sélectionnerais ses tortures encore une fois pour hausser les épaules à nouveau devant son absurdité. Et je traverserais l'enfer de mon être intérieur, non pas une fois de plus mais infiniment davantage».

Encore largement aveuglé par une vision egotique du monde, Harry souffrira la tragédie, le caractère insensé des choses, et l'enfer. Le chemin est long avant d'acquérir l'humour que procure l'accès au Soi, à l'immortalité enfouie en nous tous. Pourtant, il va s'efforcer de toucher au but, en s'accrochant à ce qui l'entoure, à son époque, à Pablo. Et alors il pourra rejoindre Mozart.

«Un jour, j'aimerais apprendre à rire. Pablo m'attend et Mozart aussi».

Si Harry n'a pas encore réussi à rire, Hesse, lui, y est parvenu. Par ce roman, il a offert plus fermement que jamais le spectacle de la comédie humaine, et a dépassé par là les limites, tout egotiques, du tragique Harry. Car Hesse ne souffre pas seulement avec Harry, il rit de lui, et avec lui, avec délicatesse à travers le personnage de Hermine, avec grandeur, indiscutablement, à travers celui de Mozart. Après tout, il se pourrait que Harry meure. Hesse, jamais.

Chapitre 3
Narcisse et Goldmund, ou le monde de la mère

1. Introduction

Narcisse et Goldmund présente le réel comme dual (mâle et femelle) et, comme dans *le Loup des steppes*, Hesse explore intensément l'aspect féminin. L'«univers de la mère» ne se réfère pas seulement à la pluralité de femmes et aux relations amoureuses qui abondent dans ce livre, mais à tout ce que nous entendons par le mot «Nature», la mère-nature. Cela inclut le domaine instinctuel et primitif, l'inconscient, ses rêves et ses fantasmes; bref, tout l'univers matériel, avec ses cycles de naissance et de mort. Le mystère de la mort avec sa beauté paradoxale inquiète beaucoup Hesse. A l'opposé, on trouve le monde paternel, c'est-à-dire ce qui lui est conventionnellement associé, la rationalité et la civilisation, la conscience et la permanence de l'esprit, immortel. Bien que cet univers, représenté par Narcisse, reçoive une grande attention pour dominer dans *Le Jeu des Perles de Verre*, sa fonction principale, ici, est de servir à clarifier le royaume de la mère, que symbolise Goldmund.

Ce qui est peut-être plus important encore que tout cela est le thème, constant chez Hesse, du rôle et de la nature de l'artiste. Hesse le rattache à l'imago maternelle. L'intellectuel peut la transcender par son art et accomplir d'aussi grandes choses que le Père, même si, en fin de compte, il semble bien devoir s'y soumettre de quelque façon. La mort de l'artiste *active* un itinéraire plus qu'elle n'y met fin.

On retrouve aussi, dans ce livre, la préoccupation essentielle de Hesse pour le Soi, et partant, pour la synthèse des deux univers en présence. Souvenous-nous : Harry Haller a fait le vœu de « traverser non pas une fois mais infiniment davantage l'enfer de l'être intérieur ». Goldmund est l'une des mille âmes de Hermann Hesse, et non des moindres. Il lui faut maintenant s'y consacrer attentivement.

Malgré toutes ses difficultés et sa profondeur problématique, *Narcisse et Goldmund* peut être lu comme un banal roman médiéval, aspect qui avait d'ailleurs enchanté les premiers lecteurs allemands rebutés par les incidents choquants et les expériences déroutantes, tant par le style que par le contenu, du *Steppenwolf*.

Au cours d'une série de conversations entre nos deux protagonistes, le problème essentiel du roman apparaît clairement : il s'agit des valeurs toutes relatives de l'intellectuel ascète (Narcisse) face à celles de l'artiste sensuel (Goldmund). La section principale de l'ouvrage — plus de la moitié — met en scène de manière dramatique les aventures érotiques et violentes de Goldmund, ce qui anime le débat intellecutel — homme de la quotidienneté.

2. L'architecture de l'œuvre

Comme dans les romans précédents, on y retrouve une structure triadique, dialectique : 1) le livre commence avec le monde de l'intellectuel, 2) se poursuit par l'investissemnt sensualiste, qui régénère, 3) s'achève par la synthèse des deux royaumes. Mais à l'inverse de l'immersion mystique d'un Siddharta ou de l'humour d'un Harry Haller, c'est à l'art qu'il incombe de fournir l'harmonie profonde.

Ce qui frappe, dans les trois romans dont il a été question jusqu'ici, est l'énigme finale. Dans *Siddharta*, la parabole de la pierre et la vision de Govinda assure cette problématicité, parce que le lecteur est confronté à cette fin qui n'en est pas une. Suspendu à la métaphore, le lecteur doit travailler les tonalités sous-jacentes qui structurent le livre. Avec *Le Loup des steppes*, la problématicité est bien plus évidente. Le lecteur perd le sens de la troisième partie s'il ne décrypte pas les réalités non expliquées du monde de Hesse. Néanmoins, dans *Narcisse et Goldmund*, l'énigme semble plus absente. Peut-être que l'accueil réservé au *Loup des Steppes* a découragé Hesse de présenter par une symbolique onirique la dynamique psychique fondamentale que les abstractions jungiennes rendent par trop obscure. Ce roman met bien le lecteur en présence des rêves, peu nombreux il est vrai, de Goldmund, mais leur succession ne pose pas trop de problèmes. On ne peut manquer de s'arrêter, toutefois, sur les derniers mots de Goldmund :

«Comment mourras-tu, Narcisse, quand le moment sera venu, puisque tu n'as pas de mère ? Sans mère, on ne peut aimer. Sans mère, on ne peut non plus mourir».

Pourquoi, donc ? Le lecteur peut bien sauter l'énigme de ce dernier passage, si court, sans que cela change grand-chose à son plaisir d'avoir lu ce livre, si léger et si profond à la fois. Mais s'il prend la peine de faire attention, il sera forcé de se reporter en arrière pour déchiffrer les mystères, mineurs en apparence, qui sous-tendent la surface du roman, afin de les mettre en relation avec les aventures de Goldmund et ses conversations du début et de la fin. Que verra-t-il, sinon qu'il y a référence constante aux « deux mondes », que le roman fait progresser la démarche intellectuelle entamée par Hesse dans ses romans précédents, que, finalement, la mise en scène d'une quête située au Moyen Age sert encore une fois de prétexte à Hesse pour nous faire pénétrer l'âme humaine sous des dehors légers et faciles. Le réseau de symboles qui tisse les réactions au monde de la mère montre bien combien ce monde est avant tout le symbolique par excellence. C'était déjà le cas avec *Siddharta* et *Steppenwolf*, mais maintenant, Hesse se libère et de la mystique orientale, et de la psychologie de Jung, ce qui me force à accorder une plus grande attention à la structure symbolique du livre *per se*.

Les six premiers chapitres de *Narcisse et Goldmund* couvrent une période de trois ans. L'action débute dans un monastère, Mariabronn, vers la fin du Moyen Age. D'emblée, Hesse met en opposition les « deux mondes » — celui du père et celui de la mère — par l'intermédiaire de deux figures, Narcisse et Goldmund. Le point de vue narratif est assuré par un personnage distant, racontant une légende ancienne. Mais très vite, la perspective va changer. La narration se distribue selon les premiers rôles: l'Abbé Daniel, un saint, et par ailleurs tout aussi objectif; le Père Anselme, un homme simple; Narcisse, ascète et brillant; et de plus en plus, pour le premier rôle, Goldmund, un esprit turbulent qui vit avec intensité, mais qui se sent déchiré entre le monde paternel du monastère et sa propre nature, opposée. Ses conflits, ses penchants à l'égard de ce qui est féminin, la fascination qu'il éprouve pour notre Jung médiéval (qu'est Narcisse) à propos de la philosophie et de la psychologie, se combinent à son attirance pour une servante et pour la femme d'un paysan, Lise, ce qui a pour effet de forcer son départ de Mariabronn afin de suivre sa vraie nature.

Les dix chapitres suivants couvrent dix ans. Goldmund poursuit sa quête, ce qui le conduit de villes en campagnes. Il vit un grand nombre d'aventures, qui lui donnent un sens profond de l'amour, de la mort et aussi de l'art. Hesse nous livre ici des passages d'une grande beauté. Les rencontres avec les êtres sont dépeintes brièvement mais avec finesse. Nombre d'entre eux sont des femmes. On retiendra le fermier Kuno et son épouse; Lydia et Julie, les deux filles d'un chevalier; une femme qui accouche et Christine, une paysanne; Lisbeth, la fille d'un célèbre graveur sur bois, Maître Niklaus; une domestique qui est handicapée, Marie. Il y a aussi les compagnons de Goldmund durant la Grande Peste, un couard, Robert, et un domestique; Rebecca, la juive, qui sombre dans la folie après un progrome durant lequel son père est assassiné. Et pour terminer, il y a Agnès, la très belle femme qui va enchanter Goldmund, mais aussi le mener à la mort. A travers tous ces épisodes, Goldmund va découvrir la nature de la femme, comme il va faire la connaissance de la mort après avoir tué deux hommes, sans parler de la peste. D'où sa prise de conscience du lien qui existe entre la vie, la mort et l'univers féminin. Apprenti-artiste chez Maître Niklaus, il voit dans l'art la possibilité d'unir et de transcender la vie et la mort dans l'universel humain.

Cette totalisation se déroule au cours des quatre derniers chapitres (qui, ici, couvrent une période de trois ans).

Epuisé et défait, Goldmund reçoit l'hospitalité de Narcisse, devenu entre-temps l'Abbé de Mariabronn. Goldmund va se mettre à graver pour le monastère, ce qui permet à Narcisse de lui faire saisir les implications profondes de ses aventures. Narcisse, lui-même, va se rendre compte combien il est proche de l'univers de l'artiste. Plus révélateur sans doute, Narcisse va découvrir qu'il est capable d'aimer. Goldmund, de son côté, achève son deuxième projet, pour retourner auprès d'Agnès. Il en meurt. De la mort d'un saint. Goldmund pose alors sa dernière question à son vieil ami : « mais comment feras-tu pour mourir, toi, Narcisse, une fois l'heure venue, puisque tu n'as pas de mère ? »

3. Qui est Narcisse?

Le monde du père est symboliquement le principe psychique qui regroupe l'intelligence, la raison, la faculté d'analyse, la logique, l'organisation et le contrôle. Ses images : la lumière et le désert. Paradoxalement peut-être, cet univers est peu symbolisé dans ce roman. Narcisse est à même d'*exprimer* ce qu'il défend de manière précise et dense, comme on peut s'en apercevoir par les conversations qui ouvrent et terminent le roman. C'est là le rapport qu'institue l'écrivain qui raconte une histoire : il se veut sans émotion, objectif, statique, abstrait. Il campe sur une position, il médite mais agit peut. Il est le moteur immobile de l'observation des événements et de leur interprétation. Il est l'agent du Verbe. L'existence de Goldmund, quant à elle, est bien plus proche de l'instinct, de la sensation, et par son orientation traditionnellement associée à la femme, l'inconscience et l'ineffable Soi. Un tel mode de vie est créé par Hesse au travers de l'évocaion symbolique et le drame émouvant mis en scène au cours de l'événement symbolique.

Narcisse est le père, au sens le plus radical, car il a fait tout pour refouler les qualités féminines de sa personnalité. Il est « au service de l'esprit, du verbe » dont Siddharta se détourne. Il pousse les étudiants « vers les plus hautes fins de l'esprit ». Il est la conscience bardée, qui réprime toute émotion face à son auditoire, tout sentiment d'amour, par exemple à l'égard de Goldmund qu'il trouve beau. Son sentiment est celui d'homme à homme, et non celui qu'il pourrait manifester s'il ne réprimait pas ce qui lui vient du monde de la mère. Narcisse est un « savant », un être qui analyse sans cesse ce qu'il voit, qui trace les différences entre les hommes et qui perçoit de la sorte leurs caractéristiques individuelles. La fragmentation conduit sans doute à l'intellection, mais pas à la synthèse de la vie :

« ... nous les créatures de raison, nous ne vivons pas pleinement. Nous évoluons dans un pays aride, quand bien même nous donnons l'impression de guider et de commander. Notre monde est celui des idées, le grand risque est de suffoquer dans un vide privé d'air. Je suis un penseur, je m'éveille dans le désert ».

Le propos de Hesse est jusqu'ici assez clair. Mais il y a des aspects du personnage de Narcisse qui pourraient poser certaines difficultés : son intuition, que l'on associe, traditionnellement encore, à l'esprit féminin, son besoin de « servir les autres en les dominant » et son attrait profond pour son contraire, Goldmund. En discutant de cette intuition, Hesse pense sans doute encore à Jung, qui croyait que l'intuition, comme la pensée, le sentiment et la sensation sont le propre de *tout* être humain, homme ou femme. La différence entre Narcisse et Goldmund réside dans l'usage qu'ils font respectivement de leur intuition. Pour Narcisse, les perceptions sont aussitôt traduites en langage conscient en tant qu'informations sur les autres. Il ressemble à un psychanalyste chevronné qui capturerait les mécanismes cachés qui sous-tendent la personnalité d'autrui pour les traduire ensuite en un discours articulé destiné à leur faire comprendre ce qu'ils font et pourquoi ils le font. Cette prise de conscience ne suffit certes pas à modifier le comportement, à l'inverse de ce qui passe quand Narcisse opère avec Goldmund, mais elle permet à tout le moins à l'intellectuel ayant de l'intuition d'avoir un pouvoir supplémentaire sur les individus qui l'entourent.

Cette question pose un autre problème : que veut dire au juste servir les autres en les dominant ? L'intuition que Narcisse a de lui-même, que Hesse exprime par le nom de son personnage, le pousse à redouter l'orgueil comme étant le plus grand danger qui le guette de l'intérieur pour ainsi dire. Le soi pensant possèderait ainsi une suprématie sur les autres fonctions, et même sur les autres personnes. Une telle auto-absorption ne peut être que destructrice de la personnalité totale parce qu'elle est négatrice d'autrui qui me constitue aussi. Par l'incapacité de se rapporter à autrui directement et de manière privée, c'est-à-dire par le sentir, Narcisse doit sans cesse veiller à son pouvoir d'auto-destruction en se mettant sans cesse au service d'autrui, ce qui revient à régenter les autres comme il trouve qu'ils doivent être régis s'ils veulent eux aussi se réaliser. C'est ainsi qu'il se comporte d'ailleurs à l'égard de Goldmund, en le libérant de tout ce que, lui, Narcisse aime par-dessus tout, en lui permettant d'être tout ce que lui n'est pas.

D'où, au fond, l'attrait que Goldmund exerce sur lui. Clairement le « monde du père » passe au second plan en comparaison de l'épanouissement personnel. Il ne voit ni l'hérédité, ni l'environnement comme des obstacles ; Goldmund doit pouvoir se réaliser comme lui, malgré les différences. Il importe peu de savoir qui l'on est, ce qui compte est de devenir ce que l'on est vraiment, au fond de soi. La moralité la plus haute se trouve enfouie dans cette idée, qui donne la fin suprême qu'un être humain en tant que tel se doit de poursuivre. Goldmund l'attire parce que le garçon fait partie de ces *inconditionnés* décrits dans le Traité du *Loup des steppes*, un de ces « saints et pécheurs » dont le destin est de dépasser le conditionnement social qui fait des membres de la classe moyenne des êtres moyens. Passage du Soi unidimensionnel à la quête intense d'une authenticité, malgré la souffrance et l'horreur. Narcisse et Goldmund sont, en dépit de leurs grandes différences, identiques au niveau le plus profond : ils cherchent tous deux à réaliser par leur manière de vivre ce qui transcende la transitoire, à découvrir le Soi immortel, même si les chemins empruntés divergent.

J'ai sans doute mis exagérément l'accent sur le « monde du père » de Narcisse au point d'avoir négligé ce qui le rend si profondément humain. Hesse, pourtant, consacre beaucoup de temps à donner de la substance à cet homme par ailleurs si abstrait. Par exemple, il a de la prestance, par son aspect sombre et mince, il est aussi droit. Le regard est tranquille mais perçant, « froid, pétillant ». La voix, aussi, est « froide, sous contrôle ; elle va droit au but, insistante, inspirée mais ne lasse pas ». Les lèvres sont « bien dessinées ». En clair, il apparaît comme doté d'un grand charisme à ceux qui le rencontrent, un professeur qui commande le respect et l'obéissance. A sa façon, il est grave, aristocrate, et raffiné. Malgré toute cette puissance et ce contrôle de soi, il va vers Goldmund, qu'il va s'efforcer de guider, en dominant ses propres émotions. Cette dénégation de soi n'empêche pas que se joue sans cesse en Narcisse le drame terrible qui consiste pour lui à maîtriser ses conflits intérieurs. Ce qui sous-tend tout ceci est la prise de conscience inéluctable qu'un jour il aura besoin de Goldmund comme complément indispensable. Goldmund sera dans la même situation. Ce qui montre que s'engager à fond dans « la réalité du père » n'est pas suivre une route plus facile que se plonger dans « le monde de la mère ». En effet, cette immersion ne peut satisfaire pleinement Narcisse, précisément en raison de l'existence de Goldmund. Poussé par un amour spirituel, sans doute teinté de sensualité, pour le garçon, Narcisse ne peut succomber à son attirance sous peine de se détruire totalement, mais il doit au contraire la sublimer en la spiritualisant totalement dans le fait de servir Goldmund. Paradoxalement peut-être, c'est son abnégation qui le libère : par son amour désintéressé, il peut avoir accès au « monde de la mère », il peut apprendre ce qu'il recèle, le « langage de l'âme » que lui enseigne l'exemple de Goldmund comme exercice de l'imagination réalisable. Rejoindre le garçon et le comprendre ne sont pas suffisants. Il y a davantage à trouver, en l'occurrence l'intuition la plus parfaite, celle qui achève la rencontre de Narcisse et de Goldmund, et qui permet à Narcisse de s'en retourner au monastère après avoir conduit Goldmund aussi loin qu'il était possible.

4. L'itinéraire de Goldmund

a) La symbolique

Il s'agit ici d'un voyage à travers le Soi, encore une fois, l'exploration du monde maternel qu'il faut poursuivre jusqu'au bout avant de mourir — ce qui arrive à Goldmund — et de se réincarner, pour ainsi dire, en différentes personnalités, tel le Maître du Jeu des Perles de Verre. Par-delà le personnage de Goldmund, Hesse a créé une œuvre puissante, où les aventures du graveur sur bois et du joyeux drille symbolisent bien davantage le rôle du rêve et de la métaphore. Comme Hermine, Goldmund est proche des réalités de l'inconscient et, mieux que nul autre, il peut dépasser l'univers abstrait du verbe pour l'image et le concret. Ces symboles s'insèrent dans la texture même du roman, et l'on pense à l'image du noisetier. On peut n'y voir qu'une simple description. S'il vaut toujours mieux que les symboles agissent d'eux-mêmes sur le lecteur, afin de conduire à des intuitions personnelles, je vais cependant les mentionner au fur et à mesure que je suivrai les pas de Goldmund. Ici, Hesse ne s'en tient pas aux seuls symboles, mais on trouve une réelle intrigue narrative qui met en scène des personnages et leurs réactions.

C'est vers la fin du roman que Goldmund perçoit ce qui relie les divers événements de son existence :

«Il semblait à Goldmund que sa vie avait acquis un sens. Durant un instant, c'est comme si il la survolait du regard, y voyant trois grandes étapes: sa dépendance à l'égard de Narcisse et son réveil; sa période de liberté et d'errance, et maintenant, le retour, la réflexion, le début de la maturité et la récolte».

Au cours de cette progression, Narcisse s'arrange pour faire émerger à la surface de la conscience plusieurs faits de l'enfance de Goldmund. Il était le fils de parents totalement incompatibles: son père était un noble, fort important politiquement; quant à sa mère, elle aussi noble, elle était très belle mais pauvre et dépourvue d'éducation chrétienne; une païenne en quelque sorte. Bien que son époux se soit efforcé de remédier à cette situation, elle s'est rebellée et avait des aventures; on la disait sorcière. Finalement, elle a abandonné le mari et le fils, afin de n'avoir plus à subir de contrainte à ses impulsions fondamentales. Goldmund l'aimait beaucoup; et son père, amer, a tout fait pour qu'il réprime cet amour et qu'il voie en sa mère l'incarnation du mal. Le garçon, en fin de compte, lui rappelait constamment son épouse à laquelle Goldmund ressemblait tant. C'est pour se libérer de ce souvenir obsédant que le père de Goldmund a fini par le confier au monastère, afin qu'il vive de manière ascétique pour expier les péchés de sa mère.

Au début du roman, Goldmund est un garçon plein de vie dont tout l'être refuse l'ascétisme. Il veut de l'amour. Il vit comme un perpétuel déchirement l'opposition entre l'Abbé Daniel et Narcisse, l'intellectuel froid. Le premier baiser que lui donne une fille lui cause un véritable choc, car c'est toute l'image de lui-même, insufflée par son père, qui s'en trouve mise en question. Narcisse devient l'ami de Goldmund, son complément, une relation qui profondément perturbe le garçon. Narcisse se rend compte que l'incident du baiser de la fille indique un niveau de répression profond. Narcisse accède à cette vérité au cours d'un examen de conscience de leurs différences de caractère où il se montre assez pontifiant alors qu'il se voulait édifiant. Goldmund refusait de voir ces différences et, confronté à l'évidence, il s'échappe brusquement. Il s'évanouit sous le choc des révélations. Goldmund, plongé dans l'inconscience, rêve de sa mère qu'il voit dans toute sa beauté et sa puissance. Il se réveille guéri.

C'est alors que Goldmund décide de faire l'expérience de la sensualité. Elle lui permet d'accepter les différences qui le séparent de son ami, lequel se détourne de lui pour parfaire son cheminement spirituel. Goldmund va alors quitter le monastère et il décide de ne jamais retourner chez son père. Goldmund tombe amoureux d'une belle gitane, Lise. Il revient au monastère pour rompre son amitié avec Narcisse. Il tourne le dos à Mariabronn et, à l'instar de sa mère, pénètre dans le monde avec pour seul objectif la quête de soi.

Ce sont les propos de Narcisse qui sont l'occasion, pour Hesse, de préciser le contenu du Soi de Goldmund. Il se compose de trois éléments. Ce qui est plus important, car plus universel dans ses implications, est que Goldmund fait partie de ces inconditionnés qui sont ces êtres humains, un peu spéciaux, que rien ne détourne du chemin qui les réalise pleinement. Deuxièmement, on trouve chez Goldmund une capacité très grande à tomber amoureux facilement et rapidement, de se donner totalement, qu'il s'agisse de la vie ou de la mort. En troisième lieu, son approche du royaume intérieur est toujours effectuée du point de vue de l'artiste. Son originalité va éveiller en lui un feu dangereux qui allie une sensualité dangereuse avec une spiritualité rédemptrice.

Du fait qu'il s'efforce de réaliser en lui la synthèse de l'amant et de l'artiste, Goldmund va faire sien le «monde de la mère»: un monde où règne l'enfance et la jeunesse dans toute sa force, la beauté et les rêves, la sexualité et la réponse sensuelle, perceptive aux réalités humaines et naturelles les plus élémentaires.

Quant à Narcisse, il a une vue incomplète des choses car il est extérieur au monde de la mère. La réelle dimension de cet univers est probablement capturée par le biais de l'expression «Mère-nature». Tout ce à quoi on associe la nature définit cet univers: les cycles de naissance, de maturité, de déchéance et de mort de tout ce qui vit; la fertilité, le mûrissement, la vitalité et la dégradation; l'homme primitif et l'enfant qui sont plus proches de l'inconscient; les pulsions les plus instinctives et les plus élémentaires, telles l'imagination, l'intuition et toutes les formes d'impulsion; ce qui est rêve, magie, mystère. Bref, il s'agit là d'un monde qui évolue plus ou moins hors de tout contrôle. Il obéit, certes, à des lois mais on le vit mieux en répondant passivement à ces lois.

Selon Hesse, il n'est pas de bien qui n'ait sa contrepartie. S'il y a genèse, il y a mort: la nature ne connaît que l'indifférence la plus cruelle à l'égard de la souffrance, car seuls les processus cycliques la retiennent et ces mouvements de la nature peuvent nous être étrangers ou incohérents. La nature peut nous sembler monstrueuse, vengeresse, ennemie de la vie, tels le monstre femelle Meduse, ou la déesse Kâli qui dévore les humains qu'on lui sacrifie.

Entre le monde de la mère et celui du père, on trouve un grand nombre de nuances et de constrastes: à la matière et à la nature, on peut opposer la spiritualité la plus haute, qui s'appellera Dieu; aux cycles de la vie et de la mort, on peut opposer le souci d'immortalité; à l'inconscient, l'univers de l'intellect; à ce qui est primitivité, la civilisation.

Narcisse et Goldmund vont vite se rendre compte que les chemins qui mènent au cœur des choses sont multiples, comme les êtres. Mais derrière eux se cache toujours le seul guide, le Soi. On doit l'écouter, même s'il nous effraie, ou qu'il nous procure l'extase. Grâce à lui, on pourra surmonter la fragmentation, la mutilation de la personnalité, et effacer peut-être les ravages opérés par le chaos du monde contemporain. Un Narcisse, par exemple, doit se dépasser pour atteindre le Soi universel, qu'il définit comme Dieu le Père. Un Goldmund, par contre, ira en un sens opposé, terrestre pour ainsi dire. Mais ni le Père ni la Mère ne constituent une fin en soi pour l'individu. Le Soi seulement forme un tout, quelque chose qui a toujours été là, et qui est partout comme la pierre de Siddharta, le début et le point d'aboutissement de la matière inorganique. Si le chemin qui y mène est ouvert à tous, la conscience que l'on en a diffère grandement selon les individus : Narcisse et Goldmund représentent deux itinéraires. Toutefois, la conscience que Goldmund met en œuvre pour se dépasser n'est pas aussi forte que celle de Narcisse. La symbolique maternelle renvoie à une significance plus riche et plus étendue.

Je voudrais mettre en évidence tout ceci en utilisant simplement le *Dictionnaire des Symboles* de Cirlot pour l'appliquer aux épisodes-clés qui trament le parcours qui mène Goldmund à l'éveil: son escapade nocturne avec Adolphe, Conrad et Eberhard; le rêve qu'il fait de sa mère, et tout ce qui concerne Mariabronn.

Les noms des garçons qui font une fugue durant la nuit sont significatifs : Goldmund veut dire « bouche d'or » en allemand et certains spécialistes de Hesse ont voulu y voir la figure de saint Jean Chrysostome, un prêtre influent du quatrième siècle; en fait, le roman lui-même nous livre cette identification. Quoique l'association repose surtout sur le fait que Chrysostome ait fortement subi l'influence de sa mère et se soit fait une réputation d'orateur, sa vie d'ascète et ses attaques répétées contre le vice ne correspondent guère au caractère de Goldmund. Je pense qu'il est bien plus probable que Hesse, tout comme Jung, avait présent à l'esprit la bouche ardente que l'on trouve dans l'Ancien Testament, et, peut-être, l'hiéroglyphe de l'homme aux yeux bleus, comme Goldmund, qui porte un disque d'or dans sa bouche (le soleil). La bouche symbolise tant la force créatrice que l'intelligence enfouie dans les tréfonds de la Terre : Goldmund trouvera son immortalité enterrée dans la nature et la fera ressurgir par l'art. Mais le feu du soleil, comme la bouche qui dévore, sont destructeurs également. La mort est ainsi associée à « bouche d'or », et à sa capacité d'exhumer son Moi profond. Et l'on sait que Goldmund va vite devenir le familier de la mort, comme il l'est de la vie : la mort achève, donc elle est en quelque sorte, perfection, au sens littéral du terme.

Dans l'épisode auquel on se réfère, d'autres noms sont porteurs d'une charge symbolique : Konrad, Eberhard et Adolphe veulent dire, respectivement, *conseiller hardi, ours* et *loup*. Le loup représente l'instinctuel vu comme le mal, tandis que l'ours est la licence. Pour conclure, celui qui actualise par sa créativité le Soi entre dans le « monde de la mère » plein de fougue, à la racine de laquelle se trouvent des instincts perçus comme maléfiques et destructeurs, amplifiés par la licence. Comme dans *Le loup des steppes*, il est raisonnable d'envisager chaque personnage comme la matérialisation d'un aspect de la *psyché* de Hesse.

Le périple de nuit à travers la forêt et le village qui aboutit à la maison des filles évoque l'univers maternel. L'excursion dans la forêt sombre et humide et le passage du fleuve font penser à la découverte de la féminité, et aussi à un voyage dans l'inconscient et la mort. Celle-ci est symbolisée par la destruction de ce qui est paternel en Goldmund. Les étoiles scintillantes qui sont cachées par les nuages peuvent suggérer cette évanescence de l'image paternelle comme point d'appui du comportement. A travers le village, la maison, le bois dont l'un et l'autre sont construits et enfin le jardin, le monde de la mère apparaît différemment : il y a maintenant un contrôle qui s'exerce sur les forces primitives mais en termes purement féminins. Ce contrôle féminin est bien mis en évidence au niveau d'un symbole caractéristique, celui de la fenêtre, qui évoque aussi le filtrage, donc le contrôle. L'autorité n'est pas masculine, parce que l'intellect joue un rôle fort affaibli : on pense à la lampe dont la lumière s'agite à peine.

La rencontre qui a lieu entre garçons et filles est mise en scène symboliquement dans ce qu'elle présente de seuxel. Les garçons offrent un morceau de pain coupé en deux, de l'encens et des bougies. Les filles font présent de cidre, c'est-à-dire d'ivresse, ce qui fait penser au désir. Ces cadeaux ont pour effet de raturer l'élément masculin, de sacrifier le monde du père au cours d'un jeu duquel les filles sortent vainqueur. Ceci rappelle l'orgie dyonisiaque, au cours de laquelle l'homme se soumet à la prêtresse en supprimant son conscient par l'alcool et les drogues.

Alors que les trois garçons et la servante réactivent des éléments souterrains à la personnalité de Hesse, Goldmund n'en reste pas moins à l'avant-plan comme élément dominant du psychisme du moment. La conscience (le père) est terriblement menacée par une sensibilité intuitive de mère-nature. Il est paralysé et ne répond à l'appel maternel qu'en voyant celle-ci sous la forme d'une vierge-enfant. Mais il ne sent pas davantage assuré pour autant. Ses tresses couleurs de jais (la nuit mystérieuse) sont troublants. Ses yeux noirs aussi le fascinent, sans parler de ce qu'il ressent lorsque, sur le chemin, elle l'embrasse. Hesse nous laisse entrevoir combien le cheminement érotique renvoie à l'inconscient, du fait du poids du monde de la mère. Mais ce parcours est inévitable si l'on veut parvenir au Soi, à ce centre mystérieux d'où jaillissent les forces mâles et femelles qui forment l'équilibre de la nature humaine, et font de celle-ci un tout, un «cosmos» dont il devient alors difficile de la distinguer. Le baiser symbolise ceci et il résume au fond le héros qui, on se le rappelle, a pour nom Goldmund. Autre niveau de lecture: le baiser et la fille renvoient au monde de l'enfance, et l'enfant, à son tour, est l'image d'un tout encore indifférencié, comme le Soi. Il est la source et le germe de ce qui est amené à se réaliser: une fois réalité, le Soi ne peut que nous ramener vers ce centre originel. La coupe de cidre, ornée d'une fleur de couleur bleue constitue un autre renvoi à l'univers féminin, le vase contenant le désir mais aussi le mélange des forces mâle et femelle.

Goldmund part en hâte et s'égratigne au contact d'un rosier. Dans sa fuite, des odeurs le pénètrent: l'eau, la terr, le fumier même. La rose n'est pas seulement le symbole de l'amour qui, ici, a «blessé» Goldmund; elle est aussi, comme la fleur bleue du vase, l'image concrète de ce centre originel et mystérieux, de la mort annonciatrice de la résurrection de la personnalité dans une pluralité de Soi. Le retour à la terre et à l'eau fait référence à des archétypes, donc à l'inconscient, auquel la mère donne accès. L'odeur du fumier fait penser non seulement à notre destin de mortels, mais aussi, comme c'était le cas avec Harry Haller, à la répulsion dont doit s'accompagner la totale acceptation de soi.

Ayant peut-être réussi à rendre ce qui était mystérieux un peu plus clair, je vais maintenant avoir à considérer comme énigmatique ce qui passait pour limpide : le rêve réparateur de Goldmund. Son sens touche aux sujets qui traversent l'ensemble du livre. Narcisse a causé un choc à Goldmund en lui évoquant sa mère oubliée ; ce qui a provoqué une sorte de transe au cours de laquelle il a un rêve. Ce rêve comporte deux éléments : 1) les trois têtes de chien qu'il a vu sur une arche avant de tomber dans son sommeil, 2) sa mère aux cheveux bleus, qui lui dit qu'il a oublié son enfance.

Les trois têtes, telles celles de Cerbère, le chien à trois têtes qui garde les portes de l'Enfer, introduisent les trois grands principes de la vie : la *conservation*, la *reproduction et l'évolution de l'esprit*, sa *dégradation en désir de posséder* le pouvoir ou les biens, *en luxure* et *en vanité*. La visite de sa mère est précédée par un contact avec des roses dont le parfum rassemble pour lui passion, émotion et amour. La mère, si belle, lui fera faire le voyage symbolique au centre des choses. Il se réveille joyeux et rempli d'amour, l'émotion à laquelle il veut alors se consacrer. C'est au moment de reprendre conscience qu'il voit en sa mère une alternative à la mort, symbolisé par le chien tricéphale, plutôt que ce qu'elle sera par la suite, l'image même du destin, c'est-à-dire de la fin de l'existence.

Un examen du symbole du noisetier sur lequel Hesse insiste dans le premier paragraphe du roman va nous aider à saisir avec plus de précision l'éveil de Goldmund à sa propre personnalité. Si Goldmund parcourt le monde, c'est pour arriver à ce Soi total, qu'il espère bien trouver en revenant à Mariabronn, sous le noisetier. Cet arbre vient du sud, il croît et meurt selon un cycle étranger à l'endroit, se donnant des couleurs blanches et vertes bien plus tard que les autres, atteignant la maturité quand les autres sont déjà morts, nourrissant les hommes en hiver grâce à ses fruits. Il a vécu son décès annuel quand Goldmund est de retour au monastère pour y mourir à son tour.

L'arbre est un symbole très commun dans les mythologies. Notre arbre de Noël, par exemple, est associé à la Vierge Marie et à la naissance de Jésus, mais on retrouve également l'arbre au moment de sa crucifixion; les arbres du paradis terrestre sont ceux de la Vie et du Savoir. Bref, l'arbre, par sa permanence, sa croissance lente et ses cycles, évoque l'immortalité et la croissance du Soi individualisé. Ses racines plongent dans la terre, le monde souterrain: elles évoquent le lien avec le Tout, l'union cosmique. c'est aussi par là que l'arbre appartient à l'univers de la mère: provenant d'un climat chaud, il est étranger au monde monacal (le père) et obéit à des cycles. Il nourrit les enfants et les hommes auxquels il apporte de l'ombre quand il faut. Sa «couronne dorée» fait penser à un achèvement qui représente «le but le plus élevé de l'évolution: car celui qui se conquiert lui-même atteint le couronnement que procure la vie éternelle» (Cirlot, *op. cit.*, p. 70).

En rapport avec le monastère, on trouve une autre symbole qui renforce la signification de l'arbre comme réalisation masculine obtenue via le monde de la mère. Il s'agit de Mariabronn, qui veut dire «la source de Marie», la Grande Mère dont est issu le Dieu mâle, lequel est né, mort et ressuscité. La source est le symbole de la force vitale («se ressourcer»), le lieu originel «de la vie intérieure et de l'énergie de l'esprit». Lié «à la contrée de l'enfance, le besoin de cette source provient principalement du fait que l'individu se sent inhibé et complètement vidé » (Cirlot, *op. cit.*, p. 100).

Tous ces symboles d'intégration se ramènent à quelqu'un que Goldmund aime beaucoup : l'Abbé Daniel. Ceci explique que le garçon apprécie le vieil homme malgré le contraste avec Narcisse. L'Abbé Daniel est cité comme l'un des trois hommes exceptionnels de Mariabronn « qui semblaient être des élus ». Cependant, les propos sur l'Abbé sont rares dans le roman. Il n'empêche que le poids symbolique qui lui est attaché, et qui est à mettre en relation avec celui du noisetier, de la source, et du monastère de Marie, est grand : Daniel transcende les univers des deux protagonistes, Narcisse et Goldmund. En contact avec la réalité masculine du monastère et adorant Marie, Daniel présente la simplicité de Vasudeva, dans *Siddharta*. Il a la sagesse plutôt que le savoir. Il est l'un des saints de Hermine, parce qu'il est modeste et enfantin, gentil et patient, il a cette grâce qui sauve, l'humour. Il n'aime pas l'intelligence arrogante et rebelle de Narcisse. Pour lui, l'intellectualité de Narcisse est péché d'orgueil, un individualisme qui ne peut que détruire les rythmes harmonieux qui règnent dans le monastère. Comme Goldmund, Daniel mourra en harmonie avec le réel global, et non avec l'une de ses deux sphères. L'Abbé Daniel est en quelque sorte une norme-repoussoir sur laquelle viennent buter les extrêmes, Narcisse et Goldmund. D'emblée, sa personnalité est intégrée, d'où son caractèe peu complexe et stable.

J'espère avoir réussi à mettre en lumière la richesse symbolique de *Narcisse et Goldmund* par-delà sa trame qui semble si simple à première vue. Toutes les œuvres de Hesse ont cela en commun mais dans ce roman, précisément, Hesse montre une telle maîtrise de ses symboles qu'il est capable de les présenter avec légèreté, sans trop insister et de laisser ainsi le champ libre à une réelle intrigue narrative. A moins d'être un lecteur averti, il est donc parfaitement possible de passer sur le message profond avec une certitude affirmée d'avoir compris le livre. Il se peut après tout que nous soyons amenés à suivre le chemin tracé par Goldmund et, comme lui, d'apprendre « à percer la surface du réel, à libérer les abîmes furieux, les flots et les voies lactées d'un univers d'images qui est celui de l'âme et qui se trouve sous la réalité nue et tranquille ».

b) L'histoire

Tout comme Harry Haller passe par de nombreuses expériences sexuelles dans la chambre d'amour du Théâtre Magique, Goldmund va les vivre à son tour dans son errance de campagnes en châteaux, de châteaux en cités. Cette suite de rencontres a l'air de n'obéir à aucune logique; on a l'impression d'être confronté à une sorte d'anthologie de l'érotisme présentée sous forme d'histoires courtes. Dans un second temps, pourtant, on s'aperçoit que Goldmund fait l'expérience de la vie et de la mort par le biais de banalité quotidienne autant que par celui de ses extrêmes, ce qui le mènera à l'art. Un premier cycle lui forme le caractère par la rencontre de femmes sensuelles. Le second cycle s'adresse à son esprit, par l'intermédiaire de l'artiste de la cité et de la peste qui le ramène encore une fois en face de la mort. Le troisième cycle est une sorte de synthèse de ce qu'il lui faut retenir des deux premiers : il a une liaison de deux jours avec Agnès, un jour d'extase, un autre de répulsion. Il est alors mûr pour « l'automne », l'art, et pour « l'hiver », si l'on peut s'exprimer ainsi pour signifier la fin, la mort. Tout ceci n'est évidemment pas présenté de façon aussi mécanique : la vie et la mort se livrent une constante dialectique, l'esprit n'est pas absent du premier cycle, et la nature souffre davantage dans le second et le troisième. Hesse est parfaitement conscient de l'ambiguïté qu'offrent les moments de la vie par rapport à leur destinée ultérieure intrinsèque. Il veut même mettre l'accent sur le flux perpétuel, la confusion et les contrastes de tout ce qui fait le monde organique, au travers de sa croissance, de sa dégradation, tant au niveau de la vie qu'à ceux de l'esprit et de la société.

Durant les deux premières années de sa vie errante, Goldmund découvre qu'il est «doué pour l'amour, pour le jeu avec les femmes». Il en devient un expert. Il est ouvert et réceptif à ce qu'attend de lui chaque femme qu'il rencontre, il se laisse enflammer facilement, et se plie à tous les fantasmes de ses partenaires. Il est l'amant parfait, séduisant. Son secret est de pouvoir accéder d'emblée, par intuition, au secret de l'âme : il a cette «disponibilité enfantine, l'innocence du chercheur».

Mais toutes ces liaisons amoureuses sont comme celle qu'il a avec Lise, la gitane.

«La joie brève mais exaltante de l'amour a disparu peu à peu, pour finir par mourir».

Les moments de bonheur sont courts. C'est ce côté transitoire de l'univers maternel qui l'impressionne le plus. Chaque liaison est temporaire, chacune de ces femmes qu'il connaît s'en retourne là d'où elle venait, vers d'autres rôles et d'autres tâches. Un peu à l'image de la nuit qu'il a passée avec Lise, les femmes qu'il aime sont comme placées sous la lumière que diffuse la lune : toujours changeantes, toujours renouvelées et tout cela est voué à finir. Avec certaines de ces femmes, il fait l'amour dans la nature, en contact harmonieux avec les animaux, les plantes et les arbres. Avec d'autres, comme l'épouse de Kuno, il se familiarise avec un autre aspect féminin : la maison. Peu importe, après tout, qui elles sont au juste : toutes le recherchent, se retrouvent en lui comme dans un miroir masculinisé, l'aiment mais le quittent pour un père ou un mari qui les battent ou pour la routine d'un foyer. La liberté qui accompagne Goldmund ne les attire pas : elles veulent construire et s'établir, bref, elles sont la nature telle qu'elle répond en lui. Pour Goldmund, cet état du monde, tout sensuel, dont la lune est l'éclairage et l'image à la fois, devient « cette douleur étrange, cette peur si subtile, ce chagrin que l'on éprouve face au transitoire ». C'est là un niveau d'expérience pénible par lequel passe Goldmund, un cycle de débuts et de fins, de vie et de mort, de brièveté et d'instabilité de tout ce qui fait la richesse de la vie, de ce qui procure un dépassement de soi. Avant que le roman ne s'achève, Goldmund aura compris.

Goldmund va alors se détourner de la sensualité extrême pour se muer en amoureux romantique. Les incohérences apparentes entre les épisodes concernant Lydia, Julie et Victor peuvent trouver leur logique profonde si l'on se rappelle la thèse de Denis de Rougemont dans *L'Amour et l'Occident* (10/18, Paris, 1972), à savoir que la passion romantique se nie par la mort et la destruction plutôt qu'elle ne conduit à la maturation et à l'harmonie que peut offrir l'amour conjugal. La passion est un processus d'idéalisation qui requiert comme tel la distance à l'égard de l'être aimé et qui ne peut survivre à la quotidienneté du mariage. C'est là que l'amour se réfléchit en amour de l'amour, débouche sur les émotions les plus aiguës, par la recherche de l'envahissement plus que par l'intimité ou la satisfaction. C'est Eros comme recherche pure, affirmation de soi comme telle, un esclavage proche du mysticisme le plus fou, peut-être, et dont Narcisse redoute les effets chez Goldmund si ce dernier s'attarde davantage au monastère.

L'épisode avec Lydia n'est pas très énigmatique. C'est une vieille histoire que l'on retrouve dans bien des films et romans d'aujourd'hui : les ingrédients en sont le flirt, la jalousie de la fille, le fait qu'elle tente le garçon, la naïveté virginale qui se prolonge jusque dans le lit, où elle n'arrête pas de dire *non* pour signifier *oui*, ses séduisants caprices et sa passivité tourmentée qui ne cesse de croître. Goldmund peut donner mais il ne parvient pas à prendre. Cette passion platonique atteint son point culminant à l'hiver — la saison de la mort — lorsque Sœur Julie, ultime absurdité en l'occurrence, rejoint le couple au lit, où ils se tiennent la main: «la confusion la plus extrême, le chagrin, la contradiction, le non-sens et l'étrangeté totale» sont ainsi de la partie. Derrière cette situation où voisinent l'obsession passionnelle et la jalousie, se profile Kâli, la déesse qui tue, bien que ce soit à l'image de la Vierge Marie que Goldmund sculptera Lydia.

Le lien entre la Vierge et Kâli s'établit sous la forme d'un don d'une pièce d'or que Goldmund reçoit de Lydia. L'éclat suprême du soleil, l'intelligence la plus rayonnante, la plus parfaite, sont ici figurés. Ajoutons que Lydia elle-même possède des cheveux d'or, sans parler de son apparence ultérieure de Madone. Victor, l'homme vil, s'intéresse à cette pièce d'or. Saison d'hiver: Goldmund se voit forcé de tuer Victor à propos de l'or.

En réalité, pour Goldmund, Victor représente l'aspect négatif de la liberté: il est le marginal, poussé par la société à survivre de la société même. Il est le loup affamé, le charognard, le prêtre défroqué, l'intellectuel dont la seule préoccupation est l'intérêt personnel, et qui vole ses hôtes, exploite l'amante et tue l'ami. A part la peur, la seule émotion dont Victor fasse preuve est l'humour sordide du vagabond qui ne croit plus en rien. Goldmund apprend cependant de lui qu'il faut non seulement s'engager seul mais aussi pouvoir fuir l'isolement et l'éphémère. Une leçon qui conduira Goldmund au bord de la folie; jadis amant joyeux, maintenant prisonnier de l'hiver, de la neige, de la mort qu'il sent monter en lui. Il n'a pas encore vraiment compris le rôle de la mère, et pourtant l'hiver est la saison où l'on demande chaleur et protection. En fait, Goldmund voit dans cet hiver qui le frappe une menace universelle pour l'homme, le foyer, la ville et même la civilisation. Alors qu'il lutte contre la mort autour de lui, il voit en lui « cette force si belle et si terrible, la ténacité à survivre au combat ultime, désespéré ».

Il parvient à échapper au désert hivernal, à l'omniprésence de la neige qui s'étendait au fur et à mesure qu'il marchait, pour arriver finalement dans un village. Ici encore, c'est la fonction symbolique de ce village qui nous retient : elle s'imbrique dans celle de la rencontre avec Lydia et avec Victor. Entre ces deux moments, qui sont des contacts avec la mort, il y a le passage au village où Goldmund voit pour la première fois une femme en train de donner la vie. L'amour et la naissance, la jouissance et la douleur, tout cela le libère de la passion stérile qu'il éprouvait pour Lydia : la nuit suivante, il fera l'amour avec une paysanne. C'est en retournant dans le même village par la suite, après avoir tué Victor, qu'il pense à un troisième élément qui unit l'amour et la vie, à savoir la mort, à travers « les gestes et les expressions » qu'il a vus : naissance, amour et mort se rejoignent sur le visage de cette femme. La saison va alors changer soudainement. Goldmund va entendre « les vents de printemps qui grondent ». « La lune elle-même va changer », car la roue de la vie (univers maternel) a tourné entre-temps.

Goldmund entre alors dans un second cycle. Jusque-là, c'est sa personnalité maternelle si l'on peut dire, qui était modelée par la passion, l'amour physique et aussi les meurtres commis. Fin du premier cycle. C'est au tour du Soi spirituel de se trouver tempéré, cette fois par un étrange mélange, celui de l'art et de la peste. Expérience qui va conduire à la synthèse, laquelle se présente sous la forme d'Agnès. Dans le premier cycle, il était frappé par la beauté de la vie, et à travers Lydia, par l'horreur de la mort. Maintenant, une seconde phase d'excitation commence, mais il connaîtra aussi la dégradation inexorable, et entrera dans l'univers de la mort.

c) Le rôle de l'art

C'est la mère qui, la première, fera connaître à Goldmund la beauté de la vie d'artiste. Et c'est elle aussi qui l'en éloignera, en fin de compte. Son immersion dans l'art s'inscrit dans le souci d'avoir une alternative à la vie de nomade qu'il mène jusqu'alors. La possibilité lui en est offerte par Maître Niklaus, lorsqu'il voit le mélange de douleur et de joie qui se dégage de la Madone qu'il a sculptée. Goldmund sent de manière extrêmement intuitive que l'artiste peut transcender les cycles de vie et de mort en leur donnant corps par une œuvre qui dure, ce qu'il assimile à l'esprit du père, statique. En ce sens, il convient d'opposer les productions qui proviennent du «monde du père», telles que l'art, la philosophie et la culture en général, à ce qui caractérise celui de la mère, tout en changement et en destruction. Mais l'art mène celui qui s'y adonne au-delà, comme Goldmund l'apprendra par lui-même en mettant en pratique son talent «maternel» si l'on peut dire: il sculptera dans le bois un Narcisse, le pur produit du Père.

«L'art est l'union des mondes du père et de la mère, de l'esprit et du sang. C'est un mâle femelle, une synthèse d'instinct et d'intellectualité pure».

L'art est donc un pont entre le père et la mère, pas un mur ni une pure émanation d'un des univers. L'art transcende le particularisme et permet de déboucher sur la synthèse du Soi.

Toutefois, l'art ne peut être entendu comme une fin en soi. Goldmund devra s'en aller encore une fois et reviendra à sa vie de nomade, à la suite d'un nouveau choc où le contraste domine. Entre l'errance qui le fait côtoyer la beauté et l'horrible de l'existence, et l'art qui la transcende en contenant toute expérience possible, il y a un processus : le va-et-vient de l'artiste et de la vie, le retrait et le retour à l'expérience, encore et encore.

Si l'art crée un univers propre, par-delà celui du père et celui de la mère, c'est parce qu'il emprunte ses techniques aux deux. Maître Niklaus illustre le côté paternel, qui clairement l'emporte ; d'où le contraste entre ses « mains d'amant » et « sa tête ferme, et déjà légèrement grisonnante ». Il reconnaît en Goldmund un artiste doué d'un réel talent, tout en se sachant devenu lui-même stérile et vieux. Sa tête a gagné la bataille contre ses mains. Il crée désormais sans inspiration. Il a sombré dans l'uni-dimensionnalité bourgeoise, il est prudent et puritain, il se préoccupe de son prestige et de ses biens, et il a fait de sa fille, si belle, Lisbeth, une pauvre créature en la traitant comme un objet lui appartenant et à protéger, qui ne sert finalement qu'à lui faire gravir l'échelle sociale.

Goldmund est disposé à se soumettre aux routines de Niklaus à condition qu'il puisse trouver par là un moyen de se donner une image catharlique qui lui inspire d'autres actes de création artistique. L'intuition, empruntée au « monde de la mère », part de l'inconscient pour s'investir dans les statues de Niklaus en tant qu'elles exemplifient une vérité universelle, vouée à rester mystérieuse, non dite. En devenant lui-même créateur, Goldmund apprend à connaître davantage cette vérité. Il exécute une sorte de synthèse entre la nature et l'esprit en faisant une statue qui donne à l'Apôtre Jean l'image de Narcisse. Il prend peu à peu conscience de sa propre nature féminine. Un nouveau projet, grandiose, prend corps en lui : une statue de la Mère, Eve. Il l'a rencontrée sous différents aspects au cours de sa vie d'errant. Maintenant, il la voit. Sa vision lui est venue au contact des processus cycliques de la vie en ville, de l'alternance des moments de joie et des moments de mélancolie, d'ivresse (au contact des femmes) et de désespoir (face au caractère éphémère et ponctuel de ces rencontres), désespoir auquel succède l'espoir du retour de ces bons moments. Ces cycles recouvrent en réalité sa connaissance « de la relation profonde, extatique pour ainsi dire, de la douleur et de la mort ». Son expérience avec les femmes de la ville renouvelle sa connaissance de la Mère, symbolisé par le visage d'Eve, un visage qui renferme tous les visages des femmes qu'il a connues, et le principe qui sous-tend leurs points communs. Chaque femme est comme toutes les autres, si ce n'est qu'elle diffère de toutes les autres. La Mère est le principe de l'infinie diversité féminine. Ce principe débouche aussi bien sur l'amour, la béatitude, la naissance, que sur la cruauté, le déclin, la mort. L'art apporte à Goldmund une ultime intuition : le visage de la Mère, Eve, est hermaphrodite, car elle se mêle au mâle pour produire le Soi profond, tout comme l'art est leur synthèse ultime.

Goldmund peut maintenant se réconcilier avec Narcisse. Il ne connaît cependant pas entièrement cet univers féminin de la mère. Il doit encore accepter et affronter la mort. Goldmund abandonne l'art pour revenir à la vie de nomade de sa mère. Il ne pourra plus créer tant qu'il n'aura pas vécu davantage, car il n'a plus rien à dire par son art.

De retour à l'expérience, Goldmund va s'immerger dans la mort au travers de la Peste Noire. A la fin de cet épisode lugubre, il se retrouve, épuisé, chez Maître Niklaus, prêt à se discipliner à nouveau pour s'insérer dans le monde de l'artiste, désirant ardemment créer à nouveau :

«... des visages d'amour qui le torturent aujourd'hui, où l'on retrouvera la crainte et la passion, et qui traverseront l'épreuve du temps, anonymement, sans histoire, symboles silencieux de l'existence humaine ».

Cet épisode est inconstestablement le plus fort et le plus émouvant du roman. Hesse s'y frotte avec la mort. Comme tous les grands principes, la mort se partage entre les deux mondes, celui du père et celui de la mère. Du père, la mort tient son caractère inexorable, ferme, obligatoire : « un guerrier, un juge ou bourreau, un père impitoyable ». Comme la mère, la mort est « douce, parfois séduisante, maternelle, elle fait penser au foyer, à l'automne, à l'achèvement que procure la satiété; mère et maîtresse à la fois, la mort nous appelle pour s'accoupler à nous, avec son toucher dont le frémissement évoque l'amour ».

Ce sont là les deux éléments cruciaux de l'épisode : la mort est horrible et elle est belle par le soulagement qu'elle procure. Le pouvoir et l'obligation de l'artiste est de représenter pour l'humanité le mystère de la mort afin de donner sens à un monde que Dieu a déserté.

Goldmund entre au royaume de la mort avec deux compagnons, Robert et Lene. L'échec de Robert est de type masculin : une faillite de l'esprit. En cela, il ressemble à Narcisse. Il a comme lui des penchants homosexuels, il assiste en bon dévôt à la messe, et il admire aussi la force et l'esprit de Goldmund. En un autre sens, il se rapproche de Niklaus : il appartient à la classe moyenne, travaille le bois et chérit la sécurité. Comme Goldmund, cette fois, il erre, tel un enfant, innocent, plongé qu'il est dans le transitoire, survivant par instinct plus que par raison, rejeté et haï par l'homme de la cité qui ne voit dans le solitaire errant qu'un danger pour les ménages et la paix des familles de la cité. Pourtant, tous ces éléments donnent lieu à davantage de conflits en lui qu'en Niklaus, où les pôles féminin et masculin du caractère se côtoient également. En fait, son côté enfantin se heurte à son intellect, son Soi petit-bourgeois nie toutes les velléités de courage qu'il peut avoir. Robert est un vieux lâche. Il sort totalement battu du combat que la mort lui a imposé, le laissant exsangue de ses valeurs les plus vénérées.

L'échec de Lene, lui, est féminin : il est de l'ordre du physique. Elle est l'épouse, la fée du foyer, la mère. Son instinct est de servir et de préserver, de construire et de contenir, de donner naissance, par amour. Elle est jeune, belle, joyeuse, timide, inexpérimentée et elle aime profondément un autre enfant. Au milieu de la peste, elle s'efforce de bâtir sa maison, d'aider Goldmund comme son mari. Elle porte d'ailleurs en elle son enfant. Mais il y a un temps pour vivre, comme il y en a un pour mourir : un étranger aux cheveux gris et puissant la blesse à la poitrine. Le jour suivant, elle agonise, de la peste, passant en une fois du stade de l'enfance à la vieillesse. Pourtant, sa stature dépasse de loin celle de Robert : elle assume la mort, son visage tordu par l'horreur,... et le ravissement quand Goldmund massacre le violeur. La nuit, il voit son visage à la lumière de la lune, un visage de mère, avec « des larges yeux pleins de désir et de soif de mort ». Même la femme enceinte peut participer à la danse de la mort ; pleinement et naturellement Robert, lui, fuit sa mort.

Goldmund sera finalement le seul des trois à survivre. Il accepte pourtant l'idée de mourir, il la comprend, il en perçoit ce qui la rend si horrible et ce qui, en elle, nous fascine, son sens. Comme artiste, il pourra dépasser la contradiction.

Le premier contact de Goldmund avec la peste, à la ferme, constitue l'un des grands passages du roman. Les cadavres d'une vieille femme, du fermier et de son épouse, de leurs enfants, sont comme des statues : elles inspirent la crainte et l'effroi, le contrôle total. Néanmoins, Goldmund les trouve beaux : chaque corps est un individu, avec son expression héroïque et touchante. Mais les corps se dégradent. Seul l'artiste conserve. Goldmund stocke les images. Ce désir de préserver le maintient en vie durant la peste. Mais il a perdu virtuellement la volonté de vivre. Sa seule motivation pour continuer de vivre est la curiosité, la faim de l'artiste devant l'expérience et son besoin de l'enfermer dans une forme éternelle qui parle à l'homme.

Tout ceci ne s'impose pas à Goldmund en une fois. Il commence par errer, comme un homme qui s'est fait à la mort en acceptant le transitoire. Voyageant dans la campagne, il se nourrit de ce qu'ont laissé les morts par devers eux. A la ville, il se trouve une femme et la persuade de reconstruire les choses avec lui. Il veut alors la quitter pour revenir à une vie d'artiste et ensuite, retourner ves Narcisse ; et c'est ce que Goldmund fera au bout du compte. Perdant cette femme, il connaît alors l'horreur des tourments. Il partage la folie de tous ceux qui fuient par peur. Il voit les familles se désagréger et se séparer les unes des autres, il assiste à des viols, des pillages ; l'homme redevient primitif, isolé, en une danse de mort où la torture côtoie le massacre des innocents, les progroms contre les Juifs. Il se jette dans le tourbillon, mangeant et aimant parmi les mourants. Goldmund a épuisé son désir de vivre encore, il ne veut plus que rejoindre Maître Niklaus. C'est alors qu'il rencontre Rebecca, la belle juive dont le père a été assassiné au cours d'un progrom. Il la pousse à vivre avec lui et à l'aimer, mais elle le rejette avec fureur. Elle est la sœur de Lydia : l'une aime l'amour, l'autre la mort. Toutes deux étaient vierges et toutes deux vivaient dans la maison de leur père. Leur vie les éloigne de toute vitalité, que représente Goldmund. Il va épanouir leur beauté à toutes deux, qui est la beauté de la femme accomplie encore qu'inexpérimentée. Prête ni pour la vie, ni pour la mort. Malgré leur féminité, la fille juive fière et l'enfant du chevalier sont plus proches de l'esprit de leur père que toute autre femme rencontrée par Goldmund : « aimer de telles femmes n'apporte que la souffrance. Mais pour un instant il lui semblait qu'il n'avait jamais aimé d'autres femmes ».

Après avoir fait la connaissance de Rebecca, Goldmund passe devant une église dont il admire les figures de pierre. Il se met alors à penser aux œuvres en bois de Niklaus, qu'il préfère à celles en pierre en raison du vivant de ce matériau-mère. Mais il voit maintenant en ces images pétrifiées le symboles du Soi éternel; elles jouissent d'une plus grande pérennité et d'un plus grand pouvoir que ceux auquel le bois pourra jamais prétendre. Il entre dans l'église pour y confesser ses péchés, mais la confession tourne à l'attaque contre Dieu pour le chaos auquel il a livré le monde terrestre. Il regarde encore une fois dehors, et s'arrête à ces figures de pierre. Il fait le vœu de donner un sens à toute cette absurdité par la grâce de l'art. C'est l'homme, et non Dieu, qui a créé ces figures, « immobiles, inaccessibles, surhumaines, une consolation infinie, une victoire éclatante sur la mort et le désespoir, par la dignité et la beauté qui survit de génération en génération ».

Mais Goldmund n'est pas encore prêt pour récolter les fruits de la maturité artistique. Il doit encore se parfaire. Son amour pour Agnès, qu'il perdra, complète son existence. Avant d'en venir à cet épisode avec Agnès, il me faut résumer l'état présent dans lequel se trouve Goldmund-l'artiste. Tout d'abord, le fait est qu'il ne possède plus d'endroit pour travailler en raison de la mort de Maître Niklaus. Quand il retourne alors dans la ville de l'évêque, Goldmund est enfin prêt à exercer son art, ce qui traduit bien l'atmosphère de la ville : ses citoyens sont heureux et se sentent de nouveau en sécurité, le soleil est de la partie, le poisson est revenu dans la rivière. Mais après l'épisode avec Niklaus, les choses se retournent et Goldmund sent l'approche desséchante de la mort qui rôde à nouveau. Les circonstances qui ont précipité la fin de Niklaus sont significatives : il n'a pas succombé à la peste mais de l'effort consenti aux soins de sa fille, qui a émergé de la maladie, «silencieuse, courbée, vieillie». J'ai la conviction que Lisbeth a une valeur symbolique : elle définit en termes humains la nature artistique du Maître. Celle-ci fait penser à quelque chose qui sert et qui sert en réalité l'habitant des villes. Le Maître a emprunté un chemin qui finira par étouffer sa créativité, laquelle relève du «monde de la mère». C'est par l'intermédiaire de ce que ce monde peut apporter que l'affliction va le frapper : la peste va détruire toutes les qualités féminines (esthétiques) qui constituent sa créativité artistique. Vidé de son talent, il ne parvient pas à survivre. Il mourra donc en laissant derrière lui quelque chose qui fut jadis fier et beau, mais qui est maintenant faible et stérile, comme cela l'a toujours été en dernière analyse. Bref, Lisbeth est au Maître ce que Marie est à Goldmund. Marie est liée à la créativité artistique en ce qu'elle lui fournit la matière pour s'exercer : dans sa maison se trouve une Madone qu'il a peinte un jour, quand il pratiquait son art en ville. Les qualités de Marie ont davantage de positivité que celles de Lisbeth. Elle est aimante et gentille, elle s'occupe de lui, lui redonne confiance et le sécurise, elle veille sur son activité créatrice et l'aide à bien des égards. Elle est aussi fort belle : elle a de beaux yeux noirs qui rappellent à Goldmund la première femme qu'il a aimée. Si Marie est donc plus mûre et plus belle, elle est cependant comme elle était avant la peste : Goldmund y est très attaché mais il ne l'aime pas. Elle se débat pour recouvrer la santé et la force et pour qu'il ne suive pas d'autres femmes, mais cela ne l'empêchera pas de la quitter pour Agnès.

Goldmund a certes appris son art du Maître mais c'est encore insuffisant. L'art pratiqué dans la ville pour la ville est important mais l'expérience qu'a Goldmund n'a pas encore pris pleinement corps.

Quand à l'épisode d'Agnès, il met en œuvre le double thème de la vie et de la mort pour Goldmund. Et leur cheminement commun connaît en conséquence, deux phases : une période d'extase le premier soir, et une d'extinction le second. Quand au contexte de ces soirées, il est fourni par le « monde du père », que représentent successivement le Comte Henri et le prêtre. La présence du Comte a été cause de la mutation de la ville, qui était originellement une cité épiscopale quand l'évêque y résidait. Henri est un « courtisan fier et un guerrier », bras droit de l'empereur ; il est détesté par les pauvres et les opprimés en tant que symbole du pouvoir. Il n'est pas sans rappeler le père de Goldmund. Ce dernier ne parviendra pas à lutter contre le Comte Henri. Seul Narcisse pourra tirer Goldmund de l'état de prostration, de crainte du châtiment de la mort dans lequel il se trouve suite à la condamnation infligée par Henri.

Si Henri ressemble au père, Agnès fait penser à la mère de Goldmund. Il ne s'en rend pas compte tout de suite. Il est d'abord frappé par sa fierté charismatique, sa force et sa sensualité. Après la première rencontre, il réalise qu'elle n'est pas seulement son égale pour les sens et l'esprit, mais qu'elle est aussi comme lui. Il s'efforce alors de lui ressembler physiquement en se rasant et en coupant ses cheveux. Initialement, Agnès apparaît comme l'*anima* parfaite, la femme dont tout homme rêve. Mais Goldmund manifeste une sagesse qui le pousse plus loin, en l'amenant à constater qu'Agnès n'est pas à l'extérieur de lui mais en lui. Il prend conscience qu'elle est son *anima*, et partant, il la cultive en devenant virtuellement hermaphrodite, parachevant le cheminement de sa mère qu'il a refait tout le long. Il est proche de sa propre fin.

Le jour où ils décident de devenir amants, Goldmund va plus loin dans son approfondissement de soi. La « grande figure blonde et joyeuse, débordant d'énergie d'Agnès lui rappelle soudainement l'image de sa mère, quand il était encore enfant à Mariabronn, telle qu'il la porte toujours en son cœur ». Il l'a offert à Agnès en lui assurant qu'il affronterait la mort rien que pour un moment de bonheur avec elle. Passant par son château, elle lui a fait cadeau d'une chaîne, symbole complexe puisqu'il recouvre le mariage humain, celui de la terre et du ciel, l'intégration du social et de la *psychè*. Mais en partant, il a l'intuition d'un mauvais présage en voyant toutes ces feuilles mortes tomber des arbres. Il ne voit en ce changement de saison que l'annonce de la fin de son désespoir. Pourtant, la chute de la feuille d'or est aussi symbole de la perte du bonheur et d'une quiétude acquise et apprise durant la peste.

Leur première nuit d'amour signifie la réunion impossible avec la mère, donc la médiation par l'anima qui est imposée à tous les hommes. A l'extérieur de la pièce, les prêtres n'arrêtent pas d'invoquer le Seigneur. Le bleu et le blanc se mélangent : le bleu de la robe d'Agnès, des yeux des amants, du verre dans lequel ils boivent tous les deux ; le blanc de la fourrure et du vin. Goldmund est pour Agnès un oiseau et un musicien. Le réseau symbolique suggère que cette union concerne les prêtres au-dehors. Les couleurs bleue et blanche forment un singulier contraste : le bleu, c'est le centre mystérieux (ciel), alors que le blanc fait penser à la lune, donc à ce qui ressortit du féminin. Le fait qu'Agnès appelle Goldmund son oiseau et son musicien signifie qu'elle voit en lui un principe de l'imagination artistique qui va lui permettre de s'*élever* au-dessus de son « univers maternel » vers le royaume de l'esprit. Le musicien est le médiateur entre la terre et le ciel, il est l'enchanteur et le séducteur. Elle lui murmure, au sommet de l'extase :

> « Je veux un enfant de toi, mon tendre Goldmund. Et bien plus, je veux mourir avec toi. Bois-moi jusqu'à la lie, mon amour, fais-moi fondre, tue-moi ! »

Mais Goldmund la rejette :

> « Je ne veux pas mourir. Je ne veux pas périr de la main de ton Comte. Tout ce que je souhaite est d'être heureux comme aujourd'hui, une fois encore, et bien d'autres après ».

Il y a bien sûr autre chose en jeu dans l'éloignement de Goldmund : la peur du père et une réconciliation manquée avec la mort. En fait, Hesse donne les raisons explicites au cours de l'ascension de Goldmund dans les montagnes le jour suivant. Là, en effet, Goldmund revoit subitement toute sa vie : ses deux phases, la période sensuelle et meurtrière (Lene, Robert, Victor) et sa période spirituelle (le cloître, le château, Rebecca). Sa conclusion est douloureuse : tout est voué à passer, à périr. Il ressent alors un immense besoin de créer quelque chose qui s'imposerait à partir de sa vie propre, au-delà d'un Narcisse devenu saint Jean. Goldmund va dépasser le conflit classique entre l'esprit et la nature en thématisant d'autres oppositions de l'expérience humaine : homme/femme, nomade/citoyen, intellectuel/sensuel. Ce sont des scissions qui affectent surtout l'homme, car la femme peut se réaliser grâce à un enfant. L'homme doit choisir entre la sensualité et la créativité, la vie et l'art. Mais Goldmund veut parvenir à la synthèse. Ce désir est lui-même entaché de dualité : il est source d'angoisse et de mécontentement, même s'il débouche sur « tout ce qui est beau et sain, tout ce que l'homme a créé et qu'il rend à Dieu par grâce ». Agnès pourrait mourir au cours d'un de ces moment où l'amour, la naissance et la mort se trouvent réunis, mais Goldmund doit survivre pour réaliser la défaite du transitoire par l'acte artistique.

Goldmund, en réalité, va écarter toutes ces pensées lugubres : « aussi longtemps que sa vie était un jardin où des fleurs magiques comme Agnès pouvaient s'épanouir, il n'avait aucune raison de se plaindre ». Il n'a pas encore compris réellement toutes les implications de son rapport à la mère. Ce que Agnès veut dire est que l'extase mystérieuse apporte aussi bien vie que mort. Quand il la voit à nouveau, elle a changé, elle est une femme anxieuse et craintive qui lui rappelle Lydia, la vierge qui l'a aidé à tuer Victor. Mais il est pris par le Comte Henri. Rejetant l'invitation à la mère, il ne la trahit pas pour le père. Il préférerait mourir comme un simple voleur. C'est la mère qui le conduira à la mort, mais c'est le père qui sera le bourreau. Par nécessité inexorable et horrible. On pense aux symboles de la flamme, de la bougie, des épées. On pendra aussi le voleur, une autre victime sacrificielle qui évoque Goldmund, le bouc-émissaire qui se situe pour son malheur entre le père et la mère. Le pendu ne se balance-t-il pas entre ciel et terre ? La paralysie de Goldmund et son entrée au royaume de l'inconscient sont signalées par des métaphores telles que des cordes et un donjon. Il veut voir la lumière, mais cela lui est refusé : la lumière est comme la vie, elle passe vite et elle ne sert plus à rien dès lors que l'on est condamné à mourir.

Dans ce donjon, Goldmund essaie d'abord de se réconcilier avec la mort. Ensuite, il tombe endormi, se réveille avec l'idée de commettre un meurtre, et il se décide à vivre coûte que coûte. Avant de dormir, des images de la mère se pressent dans sa tête : la femme qu'il aime, son art, son corps, les collines, le ciel, le soleil, les étoiles, les forêts, les saisons, les oiseaux, les poissons, les danseurs, les fermes, le vin. Il ne parvient pas à se résigner à quitter tout cela. Il éclate en sanglots, comme un enfant. Il invoque sa mère, dont la vision lui apparaît alors avec toute la force d'une présence. Belle et tendre. Il se rend. Il lui abandonne tout, pour pouvoir l'aimer. Mais le sommeil le vainc. Quand il se réveille, son état d'esprit est tout différent. Il éprouve une soudaine impulsion de vivre. Paradoxalement, c'est l'envie de tuer qui le prend à la gorge, un peu comme au moment où il se débattait pour survivre aux assauts de Victor. Jusqu'à la fin de ses jours, la mort sera source de vie, et inversement. Son hostilité se détourne : elle s'adresse aux autres hommes. Les gardes, qui vont le tuer, et Dieu lui-même, sont l'objet de sa fureur. C'est alors qu'il commence à maîtriser ce que son inconscient produit en lui de terrifiant. Il se libère de ses chaînes et explore le donjon où il est enfermé. Il reprend courage et met toute sa volonté à saisir toute occasion de se sauver. Mais le prêtre qui pénètre dans le donjon s'avère être Narcisse.

Il reste à Goldmund une dernière expérience à faire dans le « monde de la mère ». Il en mourra, mais ce sera cette fois avec la pleine acceptation de son destin. Les derniers épisodes du roman sont consacrés à la fin du parcours de Goldmund dans le « monde du père ». La synthèse entre l'intellecutel et l'artiste en est le thème symbolique. Le printemps et l'été sont révolus pour Goldmund : il n'y aura plus de Lise, de Lydia, ni de Victor. Les amours sont mortes. Lene, Agnès, la peste, tout cela appartient au passé. L'opposition des deux mondes ne lui a apporté qu'une opposition déchirante : la vie se scinde en lui. Tout ce qu'il désire maintenant est cette mort, que lui promettait Agnès par l'orgasme. Il rejetait cette solution alors parce qu'il pensait pouvoir dépasser les opposés et tout ce qui est éphémère en ce monde. Si Goldmund pénètre à nouveau dans le « monde du père », il ne désertera plus pour autant le « monde de la mère ». Il y a la récolte de l'automne de la vie qui le rend indispensable.

Cet automne possède une double dimension : pour Goldmund, il signifie l'accès à l'art ; pour Narcisse, il s'agit de récolter l'amour qu'il a semé. Goldmund accomplira son destin. Narcisse n'y parviendra pas.

Goldmund se ressaisit au moment où il reconnaît Narcisse. Il devient lui aussi fier, il se contrôle et adopte une attitude quelque peu ironique devant cet homme qui a acquis la stature de chef spirituel du cloître. Narcisse est d'ailleurs une puissance politique également : lui seul peut négocier avec le Comte. Goldmund reviendra ainsi au monastère. Il ne retrouve pas seulement la vieille amitié chaleureuse de ses pairs, mais il trouve dans les réalisations artistiques présentes au monastère l'unité des deux « mondes » qu'il cherchait. C'est la pierre qui porte la charge symbolique de cette intégration. Narcisse l'encourage à contribuer à la beauté artistique du cloître. Il sculptera un panneau qui figurera la dualité suprême, l'esprit et la nature ; l'esprit est symbolisé par Père Daniel comme étant l'un des apôtres.

Les conversations entre Narcisse et Goldmund ouvrent la voie à une meilleure compréhension de soi, et développent ainsi un message universel. Goldmund commence par réagir vivement contre le mal dans le monde. Mais il se rend compte qu'il est dans une mauvaise passe : il doit se préparer aussi au bien. L'art est une défense contre le transitoire, dont il a tant souffert, même s'il lui a permis de rentrer en communion avec ce qui, — au fond — caractérise la nature humaine. Narcisse lui montre à quel point le penseur et l'artiste sont semblables. Ils diffèrent par le recours qu'ils font respectivement à l'abstraction et aux images sensibles. Aucune de ces deux voies d'accès au réel n'offre une méthode parfaite, mais elles mènent toutes deux à la réalisation de soi dans la mesure où elles permettent de comprendre ce qui est ultime : que ce soit l'Atman de Siddharta, le Dieu de Narcisse ou la Mère pour Goldmund. Narcisse va ensuite lui enseigner la contemplation.

C'est là la version chrétienne de la méditation siddhartienne. Goldmund se libère peu à peu de l'isolement épuisant de l'artiste en création et retrouve une sorte d'innocence enfantine que procure la perception du calme de l'univers.

Entre-temps, par ces conversations, et surtout du fait du *sentiment* d'importance auquel l'art est attaché dans la civilisation occidentale, Narcisse aussi évolue. Goldmund joue à son tour le rôle d'éducateur à l'égard de Narcisse : il s'agit de se pénétrer de la nécessité d'aimer. Narcisse apprend à aimer la mère, telle qu'elle se manifeste au travers de Goldmund. Il admire ainsi son courage et sa noblesse, comme la difficulté et l'humanité de la vie d'artiste. Finalement, il met en question son propre mode de perception. Il estime celui de Goldmund supérieur, car l'art est plus innocent, plus proche de Dieu. Son monde à lui est trop analytique. Il sacrifie le Soi sur la croix de l'expérience.

Goldmund est réhabilité aux yeux de Narcisse. Il met les traits de Lydia dans une sculpture de la Vierge Marie. Il crée mais il communique aussi l'universalité de son expérience. Narcisse est émerveillé à la vue des traits de l'Abbé Daniel que Goldmund a gravés. Par l'exemple qu'il offre, Goldmund attire un élève qu'il éduque, Erich, qui continuera son œuvre sur sa lancée. Quand il a fini, Goldmund se sent vidé. Il doit progresser ou alors, son existence privée de tout sens, il doit mourir comme homme et comme artiste. Ceci explique que Goldmund revienne au « monde de la mère ».

L'absence de Goldmund est l'occasion pour Narcisse d'évoluer à son tour. D'abord, il éprouve une fierté pleine d'affection à la vue de son protégé qui est devenu son égal. Ensuite, Narcisse éprouve un sentiment de culpabilité qui le trouble, car il n'a pas dit à Goldmund combien il l'aimait.

Pour finir, il se sent faible et plein de doutes quant à ses propres choix de vie. Il commence à comprendre qu'un homme ne commet de véritable péché que s'il tue le divin en lui. Bien que Narcisse soit résigné à continuer son chemin, il a perdu son orgueil, ce que l'Abbé Daniel lui a toujours reproché comme étant sa plus grande faiblesse.

Goldmund est enfin de retour. Il est âgé et la mort ne lui fait plus peur. Il est prêt.

«Narcisse, le cœur plein de chagrin et d'amour, se penche lentement vers lui. Il fait ce qu'il n'a jamais fait en toutes ces années d'amitié. Il touche les cheveux de Goldmund et il dépose sur son front un baiser».

Il lui avoue:

«J'ai été capable de t'aimer, toi seul au milieu du reste des hommes. Tu ne peux savoir ce que cela signifie: c'est comme un puits dans le désert ou un arbre qui y fleurit, ..., un lieu qui reste ouvert à la grâce».

Goldmund a besoin de cet amour. Il a été rendre visite à Agnès, qui l'a repoussé. Il est tombé de cheval, s'est blessé à la poitrine. Il a eu horriblement mal. En une fois, il est devenu un vieillard. Goldmund est mûr pour le grand départ. Il a appris sa leçon de la Mère. Il est un peu comme un Vasudeva ou un Abbé Daniel. Il impressionne Narcisse par son détachement et sa quiétude. Il a l'humour délicat du sage. Sa mort n'aura rien de tragique. Elle viendra simplement clore une vie bien remplie.

Goldmund explique à Narcisse que la Mère lui a enseigné que chaque homme doit apprendre à mourir. Elle a inspiré sa vie et mis terme à tout désir en devenant pour lui le symbole de toute femme.

«Ma mère m'avait appelé et je ne pouvais que la suivre. Elle est partout. Elle était Lise, la gitane. Elle était la Madone de Maître Niklaus; elle était la vie, l'amour, l'extase. Elle était aussi la crainte, la faim, l'instinct. Et maintenant, elle est la mort. Elle a ses doigts dans mon sein».

Elle est toujours multiple. Elle fait œuvre de mort, mais elle le pacifie par le rire et la tendresse en même temps. Tristesse. Approche de la mort. Il connaît maintenant sa mère. Il accepte la mort, alors qu'étant jeune, il n'aurait jamais pu se faire à l'idée de partir. Il se retire de la vie comme de l'art. Il ne finira pas sa dernière œuvre, une Mère. Il sait, et savoir, c'est mourir; dans les deux cas, l'achevé règne et c'est une fin en soi. S'il «rendait les secrets de la Mère visibles» par son art, il n'y aurait plus rien à révéler; tout le mystère de ce qui crée la beauté et donne élan à la vie (et à l'art) s'évanouirait. Il reçoit la mort comme un achèvement et la considère comme l'espoir «qu'il y ait le bonheur, un bonheur aussi grand que l'amour, l'amour réalisé». Les deux sont identifiés. Ils expriment la Mère, le retour au point de départ, la fin de tout, le repos, «le non-être et l'innocence».

Goldmund meurt. Sa question brûle «comme du feu» le cœur de Narcisse.

«Mais comment mourras-tu le moment venu, Narcisse, puisque tu n'as pas de Mère?»

Comme Goldmund l'a compris dans le donjon du Comte, la mort exige autant de préparation que n'importe quel autre acte humain fondamental: la naissance, l'amour, l'art la pensée. Goldmund perd peu à peu toute vitalité, les éléments maternels s'échappent de lui.

Il meurt comme l'Abbé Daniel, tout doucement. Par l'art, Goldmund s'est hissé aussi haut que Narcisse par son esprit. Par sa mort, il l'a pourtant surpassé. Narcisse devra mourir à son tour, le voyage sera long, car il devra encore passer par une multitude de personnalités.

Chapitre 4
Le jeu des perles de verre : grandeur et paradoxe de l'intellectuel

1. Introduction

Dans le *Jeu des perles de verre*, Hesse nous dit comment Narcisse va mourir. L'action du livre se situe dans un futur qui a vu s'éclipser l'âge de la Raison et met en scène Joseph Knecht, une des plus hautes figures du savoir humain.

Au début, l'impression qui se dégage n'est pas celle d'une décadence : par la synthèse de toutes les disciplines de l'esprit et le développement d'une élite en intelligentsia, l'intellectuel est parvenu à se libérer de toutes les entraves que la société met sur sa route. A l'exception d'une seule contrainte, l'économie, qui à l'époque où le récit se situe n'entrave aucunement l'*establishment* intellectuel, concentré en Castalia. Les ravages causés par le contrôle militaire et politique de l'intellectuel au XXe siècle ont fait reprendre leurs sens à nos sociétés. L'intellectuel est libre. Il emploie cette liberté à rechercher le vrai pour soi-même, sous la forme du Jeu des perles de verre qui est dirigé par son prêtre, le personnage le plus influent de Castalia, le Maître du Jeu (*Magister Ludi*). La vérité est vénérée en dehors de toute obligation morale à l'égard des autres hommes. En cela, elle s'assimile à la Beauté. Cette symétrie et cette harmonie des systèmes du vrai séduisent autant le pur mathématicien que le pur musicien. Entre-temps, la société est laissée à ses propres structures et à ses mécanismes de reproduction. L'homme n'est responsable qu'au regard de ses seules exigences internes. Et la guerre gronde.

Joseph Knecht, dont le nom signifie « serviteur », se sacrifiera pour faire prendre conscience à la Castalia qu'elle est en danger de mort. Toute sa vie a été consacrée à sa vocation, au point qu'il s'identifie au Jeu lui-même. Ce que ce Jeu doit être, et ne sera pas, détermine entièrement le cours de son existence, sa mort y compris. Il a réussi à intérioriser par son « service » même la beauté du Jeu et la relation du Vrai au Tout. Il sent bien que l'on ne peut soustraire le vrai au monde et à la nature, et qu'en ce sens, Knecht est aussi vulnérable que des perles de verre. Son effort pour revenir à la nature est un échec. Il meurt. Le Jeu est voué à disparaître comme lui. Par son sacrifice, l'humanité verra peut-être la beauté, la vérité et la réalité du Tout comme un but d'intérêt général à poursuivre.

Dans les pages qui vont suivre, je vais d'abord résumer le livre, ensuite, me concentrer sur le personnage de Joseph Knecht. Deux problèmes essentiels méritent de retenir l'attention : la nature du Jeu des Perles de verre et celle de la musique. Quand j'en viendrai à Knecht, j'aurai l'occasion d'insister à nouveau sur le sacrifice de Knecht, qui se veut une leçon, donnée par un Maître à penser, un réel Intellectuel, qui rappelle Bouddha ou Jésus.

Il est temps de prendre conscience que mêmes les grandes civilisations doivent disparaître faute de pouvoir retenir en elles l'universalité, le Tout. D'où une certaine exclusion. Mais il faut également comprendre qu'une société se préserve juqu'au moment où précisément elle s'intègre au Tout, et par là dépasse sa propre nature, ce qui la tue. Paradoxe de l'universel-social. Harry Haller pratique une doctrine que professera le *Magister Ludi* comme théorie de l'Histoire. Dans cette «quatrième vie», Hesse transcende le point de vue de l'intellectuel pur, de l'individu «élu» tel que le mystique Siddharta, le schizophrène Harry Haller et l'artiste Goldmund, pour s'adresser, dans la dialectique de l'intellectuel et du social, au genre humain comme tel.

2. L'intrigue narrative du Jeu des perles de verre

Le *Magister Ludi*, ainsi que l'on a parfois traduit le titre du livre, retrace la vie de Joseph Knecht, écrite aux environs de 2400 après J.C.[1] par un moine anonyme. Ce biographe, comme Knecht, est membre de Castalia, un des nombreux Etats allemands ayant des écoles d'Etat. Castalia est le centre du système scolaire, elle éduque l'élite des élèves et des étudiants. Les meilleurs sont alors recrutés pour devenir à leur tour les administrateurs de Castalia. La carrière de Joseph Knecht illustre le *cursus* suivi. A douze ans, Knecht est un simple élève dans une petite ville. Mais rapidement, il fait preuve d'une remarquable aptitude en musique. Ses maîtres le recommandent pour une école d'élite de Castalia. Le Maître de Musique lui-même, qui a la charge de toute la culture musicale en Allemagne, appuie Knecht après avoir eu un long entretien avec lui. Il rentrera à Eschholz, où à la suite d'une dure compétition dont il sera vainqueur, il aura accès à une

---

[1] La date et estimée par M. Boulby dans *Hermann Hesse' His Mind and Art*, Cornell Univ. Press, 1967.

université de Castalia, à l'âge de dix-sept ans: Waldzell (Celle-les-Bois, si l'on préfère). Waldzell est réservée à «l'élite de l'élite». On n'y compte pas plus de soixante étudiants pour tout le pays.

L'accent y est mis sur les arts et leurs rapports avec les autres disciplines. C'est le siège central du Jeu des Perles de verre. Les joueurs y sont instruits, et toute l'administration y est située. Le Jeu des Perles de verre est une cérémonie rituelle, en partie académique, et en partie religieuse si l'on peut dire. Notre biographe anonyme certifie bien que les détails du Jeu sont si complexes qu'ils ne se prêtent guère à une explication «profane». On découvre pourtant bien vite que la base du Jeu est constituée par un langage symbolique qui réunit le contenu et la méthode de tous les arts et sciences. A l'instar de la logique contemporaine, si importante pour le fonctionnement des ordinateurs, qui provient de la synthèse de la logique pure et des mathématiques, le Jeu est né d'une fusion des systèmes symboliques de la mathématique et de la musique, pour offrir un fondement et un moyen d'expression unifié à l'ensemble des autres disciplines pratiquées par l'esprit humain[2]. Ses potentialités sont illimitées. Il peut produire «la totalité du contenu intellectuel de l'univers» par une infinité de combinaisons de thèmes provenant de différents horizons théoriques qui conduisent toutes à des harmonies propres à chaque joueur. Le jeu fait l'objet de cours et d'exercices quotidiens à Waldzell. Et, chaque année au printemps, le «Magister Ludi», un dirigeant castalien, dirige un Jeu spécial devant l'intelligentsia rassemblée. Ce Jeu est retransmis dans le monde entier. Plutôt que d'étu-

---

[2] Comme d'habitude, l'imaginaire de Hesse a des bases réelles. A l'époque où Hesse terminait le *Jeu des Perles de Verre*, Susan K. Langer faisait le point de ses recherches sur les possibilités de synthétiser les arts et les sciences par un système symbolique dans *Philosophy in a New Key* (Cambridge, Harvard Univ. Press., 1942).

dier immédiatement le Jeu, Knecht commence par une étude approfondie de la méditation, et continue à se spécialiser en musique pendant deux ou trois ans. Ceci dérange le directeur qui le pousse à suivre un cursus plus général. Pendant cette période, Knecht se trouve obligé de défendre les institutions de Castalia contre les attaques d'un futur politicien, Plinio Designori. Cette expérience a sur lui un effet traumatisant. Alors que ceux qui réussiront à Waldzell seront pour le restant de leur vie des « moines » intellectuels, sans famille, ni obligations mondaines, ni même permission de se replonger dans le monde extérieur, Designori demeure extérieur, un visiteur à Waldzell qui retournera dans une université normale. Ces débats fortifient les doutes qui rongent Knecht quant à sa vocation, doutes qu'il exprime dans un mince volume de poèmes ajouté à sa biographie.

Sorti de Waldzell, Knecht, comme les autres, entre dans une période d'étude libre, pendant laquelle il doit décider s'il désire entrer dans l'ordre de Castalia. Contrairement aux autres, Knecht se retire jusqu'à l'âge de trente-cinq ans. Pendant ce temps, il met systématiquement à l'épreuve les prémisses et les opérations de Jeu des Perles de verre. Il apprend le chinois ainsi que les méthodes et l'importance du *I Ching* avec pour professeur Frère Ainé. Ce dernier est un excentrique qui vit dans un ermitage qu'il a construit lui-même. Pour satisfaire à l'une des obligations peu nombreuses de Castalia, Knecht écrit trois *Vies* dans lesquelles il projette sa personnalité dans différentes périodes historiques. Ajoutées elles aussi à la biographie, ces *Vies* montrent Knecht dans les rôles suivants: il est d'abord un sorcier de l'époque néolithique; il sert une communauté matriarcale qui le sacrifiera au bout du compte; ensuite, anachorète du début du Moyen-Age, il s'initie à l'abnégation de soi auprès d'un moine plus âgé; et enfin, il se vit jeune noble indien, et il apprend d'un yogi à prendre conscience de ce en quoi le monde est pénétré d'illusions. Plusieurs thèmes se retrouvent dans ces *Vies*: la réalisation de soi, l'harmonie avec le cosmos, le service rendu à une société qui persécute ou néglige l'intellectuel, et la nécessité du maître qui ne sert qu'à transmettre les vérités universelles.

Depuis toujours, Knecht fait preuve d'un charisme qui attire les autres par sa puissance, qui le trouble profondément et qui retarde son engagement envers le Jeu. Cette qualité charismatique finit par séduire le *Magister Ludi*, Thomas de la Trave, grand aristocrate, qui met Knecht à l'épreuve et l'invite à s'intégrer à l'Ordre. Knecht accepte et reçoit rapidement sa première mission: introduire le Jeu chez les moines du monastère bénédictin de Mariafels.

Cependant le véritable motif de cette ambassade est d'établir des relations entre Castalia, d'ordinaire peu mêlée à la politique, et l'Eglise Catholique, l'autre puissance spirituelle allemande, préoccupée de l'esprit et de l'éducation. Sans le vouloir, Knecht impressionne le principal détenteur du pouvoir à Mariafels, le vieux Père Jacobus. Celui-ci à son tour initie Knecht à l'histoire et lui révèle que la Castalia a délaissé toute responsabilité éthique envers la société en se vouant aristocratiquement au savoir pour le savoir.

Après avoir accompli sa tâche à Mariafels et gagné une compétition de Jeu de Perles de verre, Knecht obtient la permission de revenir en Castalia. A son retour, le *Magister Ludi* meurt soudainement, et malgré ses quarante ans, Knecht se voit confier le poste. Il y exécute magnifiquement ses tâches et parvient à conquérir la confiance des étudiants d'élite. Il maîtrise aussi ses devoirs administratifs et son charisme parvient à rassembler tous les membres de la hiérarchie. Avec Tegularius, son ami iconoclaste, il met au point un dés jeux les plus harmonieux: le Jeu de la Maison Chinoise. C'est à cette époque que meurt son vieil ami, le Maître de Musique. Par une vie de service et de méditation, celui-ci est parvenu à cet état de sainteté qui évoque Jung et Siddharta. En incarnant la musique, il a pu accéder au Tout.

Knecht doute de plus en plus du rôle social de Castalia, des méthodes et des buts de son éducation, de son utilisation du Jeu des Perles de verre, et même de ses chances de survie. Ces doutes atteignent un point culminant lorsqu'il rencontre à nouveau Plinio Designori, et qu'il voit combien son éducation à Waldzell l'a mal préparé à la vie privée et publique. A cela s'ajoute l'impression que pour atteindre la réalisation de soi, il faut apprendre à connaître la société et à la servir, en redevenant simple instituteur. Il choque la Castalia en diffusant une circulaire dans laquelle il demande à être déchargé de ses fonctions et où il prend à partie le corps enseignant. Celui-ci devra changer ou il sera inéluctablement détruit par la société.

Parti de Castalia, son premier travail dans le monde sera d'éduquer Tito, le fils turbulent de Plinio. Knecht a connu le garçon alors qu'il s'apprêtait à démissionner : leur première rencontre eut lieu dans un chalet près d'un lac de montagne. Tito défia son professeur, fatigué, de traverser avec lui à la nage le lac glacé. Knecht se crut obligé de relever le défi pour obtenir le respect de son élève. Après quelques minutes, il meurt noyé, s'étant débattu jusqu'à la fin.

3. Structure de l'œuvre

L'action peut être divisée en deux parties: celle, passive, des années d'études et celle des années où Knecht est moine et *Magister Ludi*. Si l'on inclut les «Ecrits Posthumes» dans les années d'étude et «La Légende» dans les années postérieures, on constate qu'il y a un équilibre entre les deux. Je le maintiendrai. Etant donné le style plutôt sec du biographe, le lecteur profitera peut-être mieux du roman s'il lit les «Ecrits Posthumes» deux fois: d'abord au moment où ils ont été écrits, pendant les études de Knecht — en effet celui-ci est un personnage bien plus complexe et intéressant que ne le croit son biographe — et ensuite comme prolongement de «La Légende»; les mystères des «Ecrits Posthumes» et ceux de la «Légende» s'éclairciront mutuellement. Je traiterai donc des «Ecrits Posthumes» deux fois, selon ce plan: les résultats sont très surprenants.

Le biographe risque non seulement de nous ennuyer, mais de plus il peut nous induire fortement en erreur sur Knecht. Il nous montre son aspect «public»: notes de conférence, lettres, extraits d'archives. A travers toutes ces données, notre recherche de Knecht est d'autant plus ardue que le biographe est un Castalien du «système», finalement dépassé par les visions de Knecht. En ce qui concerne les événements situés après le départ de Castalia, il ne peut nous fournir qu'une «légende» d'étudiant. Mais il peut être très amusant de s'interroger sur ce biographe, en observant l'immense distance qui le sépare de son sujet, de loin plus importante que celle qui sépare X de Harry Haller.

On aurait tort de tenir le biographe de Knecht pour un sot: Knecht lui-même l'a influencé. La Castalia n'avait presque aucune connaissance de ses racines historiques ni de ses qualités humaines dans la période précédant Knecht. L'insistance sur l'universel empêchait alors que l'on fixât son attention sur le monde-mère du privé, du subjectif, de l'accidentel et du transitoire. Le fait même que le biographe écrive est une réponse claire à l'appel de Knecht à la conscience historique. Ses biographies sont rares en Castalia. Et ce n'est pas seulement l'importance de Knecht pour la Castalia qui intéresse profondément le narrateur, mais aussi l'homme et ses valeurs, malgré son objectivité d'historien. Il est suffisamment subtil pour mesurer l'importance du subjectif: de la Légende, des poèmes et des Vies; mais il reste trop Castalien pour approuver tout cela.

L'évolution même du biographe complique encore la situation. Alors qu'il se montre élitiste dans l'introduction, il finit par présenter le cas de Plinio Designori avec sympathie. Cependant, il gardera jusqu'à la fin une attitude ironique envers Tegularius, qui est contre le système. En bref, non seulement le biographe évolue mais il est souvent ambivalent. Je vais essayer de dégager le Knecht «authentique» de la présentation du biographe. Mais avant de m'atteler à cette tâche, je voudrais expliquer certains thèmes particulièrement difficiles du roman: le Jeu des Perles de verre et la musique. Comme ce sont les vocations que personnifieront respectivement Knecht et le Maître de Musique, il est essentiel de voir clairement leur nature et leur signification.

Le Jeu des Perles de verre est apparu parce que l'histoire humaine y était préparée. Quatre cents ans avant les événements décrits dans le roman, la société du vingtième siècle (l'Age du «Feuilleton») s'écroula parce qu'«elle ne pouvait assigner à la culture une place correcte dans l'économie de la vie et de la nation». Nos ancêtres avaient mené des guerres sanglantes pour libérer la raison humaine de la servitude imposée par l'Eglise. Mais, ayant compromis l'autorité de l'Eglise et de l'Etat, ils ne purent réorganiser la vie sociale autour d'une institution qui aurait incarné la liberté intellectuelle fraîchement conquise. En effet, leur conception de la liberté n'incluait aucun engagement responsable de l'intellectuel. Par conséquent, ceux qui ne voulaient pas de la liberté intellectuelle furent privés de deux institutions sans qu'aucune ne leur soit rendue.

> « Ils subissaient la mort, la peur, la douleur et la faim presque sans défense; ils ne pouvaient plus recevoir la consolation des églises et ne pouvaient obtenir aucun renseignement utile de la Raison ».

Au vingtième siècle la vie se transforma en une retraite dans l'imaginaire: la culture n'offrait que des mots croisés, des articles et des discours superficiels (le «Feuilleton»). Elle était morte et la société elle-même allait mourir bientôt. Sa musique — l'expression la plus claire de l'âme d'une culture — devint infernale, chaotique, fragmentée, dissonante, obscure. Les gens devenaient cyniques, anti-intellectuels, pessimistes: ils se jetaient dans la danse de la mort ou se cloîtraient dans le désespoir. L'économie s'écroula; les politiciens et les généraux régnèrent; le chaos social et la guerre nettoyèrent les restes de cette société morte. A cette époque de destruction l'intellectuel trahit à nouveau l'esprit: il se vendit au plus offrant, au politicien ou au général, servant l'Etat, ou l'effort de guerre. Quoiqu'il pût croire servir la société, l'intellectuel, en se pliant aux intérêts matériels, était obligé de compromettre son honnêteté: il subordonnait la théorie à la pratique, la vérité à la commodité. C'est ainsi qu'il se rendit coupable d'une ultime offense: après avoir privé la société de la Foi, il la privait maintenant de la Vérité. Tout le système économique, technologique et professionnel était devenu dangereusement inefficace par manque de cette pensée «pure et perçante» qui est uniquement l'apanage de ceux qui se sont engagés à protéger la vérité. Dans la période de renaissance qui suivit, un groupe social nouvellement épanoui sut tenir ce rôle; l'Etat et le peuple lui confièrent les tâches de l'éducation.

Cette nouvelle intelligentsia naquit parmi les théoriciens de la musique et des mathématiques et au sein d'une association mystique : « La ligue des Voyageurs vers l'Orient »[3]. Les premiers nourrissaient une discipline intellectuelle, les seconds une discipline spirituelle d'«identification mystique avec les époques lointaines et les conditions culturelles». Ils sauvèrent ainsi de l'oubli la perception du Tout pour l'humanité. Le Jeu des Perles de verre naquit parmi les premiers théoriciens de la musique. Il s'agissait d'un système représentant une grande variété d'éléments musicaux — ainsi que leur relations — au moyen de perles, de diverses couleurs et parures, enfilées dans un cadre semblable à un abaque. Plus tard, les mathématiciens et les astronomes adoptèrent le Jeu, et exprimèrent leurs connaissances au moyen de ses symboles. Les linguistes, les logiciens et les physiciens firent de même ; et enfin, les théoriciens des arts, de l'architecture et des arts plastiques.

Le Jeu devint le lieu des applications les plus rigoureuses de l'intellect. De plus, il procurait aux intellectuels d'élite un plaisir aigu, propre à compenser leur rejet du monde. Ceux-ci étaient en effet devenus des «moines», appartenant à un Ordre plutôt qu'à une discipline. Ils menaient une vie distante et austère, consacrée à la seule recherche de la Vérité.

Finalement, Lusor Basiliensis conçut un langage symbolique unique exprimant le contenu de toutes les disciplines qui avaient pu s'exprimer par le Jeu des Perles de verre. Et il le fit de telle manière que chacun pût exprimer son individualité et son imagination en manipulant les procédés et les couleurs de ces disciplines. Le dernier développement important fut le fait de la Ligue : elle introduisit les techniques et le but de la méditation. Le Jeu des Perles

---

[3] Hesse nous raconte le destin de cette ligue dans une nouvelle fascinante, *Le Voyage vers l'Orient*. Il semble que ce livre soit le préféré de Timothy Leary parmi les livres de Hesse ; voir «Poet of the interior journey» dans *Politics of Ectasy*.

de verre acquit alors aussi un « sens religieux » : il ne montrait plus seulement les relations entre les disciplines, mais les relations de chacune au Tout. Le jeu devint rapidement un cérémonial public dirigé par le *Magister Ludi* qui en était le grand prêtre. Les intellectuels de toutes les disciplines menaient une vie très ritualisée pendant la période du Jeu. Ils méditaient sur chaque symbole que tirait le *Magister Ludi* et qui était projeté sur un large écran devant eux. D'un gong retentissait une note basse et vibrante qui créait à l'arrière-plan un rythme hypnotique.

A cette époque, l'ordre monastique de l'intelligentsia exerçait une direction absolue sur la vie intellectuelle et culturelle du pays. L'Etat avait ainsi cautionné son importance. Par un système de « provinces pédagogiques », les Ordres administraient des écoles d'Etat où ils dispensaient tous les niveaux d'enseignement. Ils contrôlaient aussi la vie intellecutelle du pays dans d'autres domaines et se vouaient à la pérennité de la culture qui avait été si dangeusement menacée au vingtième siècle. Le Jeu des Perles de verre devint la plus haute expression de leur engagement envers l'intellect. Waldzell était situé en Castalia, la province qui fournissait les administrateurs centraux du système éducatif. C'était le temple du jeu et on y poursuivait l'éducation de joueurs provenant de « l'élite de l'élite ». Le *Magister Ludi* prit une position centrale dans l'administration, il n'avait d'égal que le Président qui pratiquait la méditation de manière accomplie suivant en cela les préceptes de la Ligue.

Il est difficile de décrire le Jeu. Il s'agit d'un système fermé de symboles qui n'ont ni relation unique ni constante aux phénomènes concrets de la vie. Et, contrairement aux autres systèmes clos comme la musique et les mathématiques, nous n'en connaissons même pas les symboles : Hesse insiste seulement sur la beauté de la calligraphie dans le

Jeu de la Maison Chinoise de Knecht. Comprenant à la fois des symboles, et une « grammaire » de leurs relations, le Jeu est extraordinairement ardu car il nécessite une large connaissance des bases de toutes les disciplines. Sa grammaire, cependant, a la simplicité, la cohérence et la symétrie d'une grammaire scientifique comme celles qu'essaient de construire les linguistes transformationnalistes d'aujourd'hui ou, pour prendre un exemple sans doute beaucoup plus proche du Jeu, sa grammaire ressemble à celle des langages symboliques des ordinateurs actuels.

Le nombre de symboles et les opérations du système sont strictement contrôlés par la Commission des Jeux. Mais ces limites n'en restreignent pas plus les possibilités que la limitation à 26 du nombre de lettres de l'alphabet n'agit négativement sur le nombre de phrases possibles. Le contrôle de chaque individu sur le déroulement de son propre jeu est tel que rares sont les jeux qui se ressemblent, même s'ils comportent les mêmes éléments. Le Jeu est en effet capable d'exprimer la « totalité du contenu intellectuel » de l'univers. Bien que les Jeux aient exploité des possibilités extrêmement complexes, ils sont aujourd'hui relativement simples. On commence avec un, deux ou trois thèmes provenant de diverses disciplines (par exemple la musique et la biologie); on les entrelace et on finit par établir des rapports entre eux. L'harmonisation des opposés tels que la liberté et la loi était particulièrement populaire dans le passé, et le reste d'ailleurs à l'époque de Knecht.

Quoique de nombreux Castaliens prisent fortement la création de motifs abstraits mais grandioses, les jeux se terminent toujours par l'établissement d'une harmonie et d'une unité qui témoignent du Tout dans l'univers. Les Jeux évitent rigoureusement les situations choquantes, chaotiques et pessimistes. Ce fait n'est pas dû aux limitations du jeu mais plutôt à celles de la musique : il s'agit là de l'expression de la nature positive de cette société. Un jeu typique passe du devenir à l'être. Il établit d'abord les potentialités de ses symboles, puis les conditions nécessaires auxquelles ils doivent se conformer; il montre ensuite les relations possibles entre ces symboles, ce qui précise encore cette nécessité; il établit enfin une conclusion où les potentialités nécessaires de la combinaison sont réalisées.

Cette unité est réalisée dans deux sortes de Jeux : le formel et le psychologique. Pour se prouver qu'il en est capable, Knecht construit un jeu formel. Cependant ceux-ci n'ont pas sa préférence : ils essaient de représenter la perfection et l'unité universelle par une « forme » : un système parfaitement beau et unifié. Knecht préfère le jeu psychologique — dont il semble que son fameux Jeu de la Maison Chinoise soit un exemple — parce qu'il nécessite une méditation sur une série de symboles organisés menant à une *vision* de la perfection et de l'unité du tout. En d'autres termes, Knecht veut que le Jeu ait une signification pour celui qui joue.

Mais il est très fréquent que le Jeu ne présente aucune pertinence pour les joueurs. L'absence de celle-ci, et surtout l'absence de signification sociale inquiète Knecht. Or le Jeu a déjà des désavantages sérieux. Quoiqu'il faille, pour jouer, une connaissance de base du contenu et des méthodes d'une discipline (par exemple la théorie de la musique), il n'est pas nécessaire de la maîtriser, de devenir un musicien. Par conséquent, en prolongeant notre exemple, le Jeu ne tient pas compte de la sensualité de la musique, de l'impact physique, émotif et psychologique des sons. Pour jouer, il suffit de comprendre l'esprit de la musique; il n'est pas nécessaire d'en saisir la substance. L'un des dangers du Jeu découle de cela. Dans l'histoire humaine, on constate que pendant les périodes de dégénérescence, la substance domine l'esprit. L'accent mis par le Jeu sur l'harmonie et l'unité rend les Castaliens singulièrement vulnérables à un chaos éventuel. Or cette éventualité se manifeste à présent dans la société du vingt-quatrième siècle, probablement à cause du rejet castalien des contraintes matérielles. En bref, par son amour du Jeu, la Castalia rejette le monde-mère de Goldmund, et même la nécessité d'en tenir compte. Elle se concentre entièrement sur le monde-père de Narcisse.

Mais la sécheresse des Castaliens les empêche de percevoir la conscience éthique d'un Narcisse; l'importance de ce qu'il fit pour Goldmund leur échappe. Le Castalien (non esthète) qui n'admire pas le Jeu pour sa beauté formelle est généralement un mystique perdu dans la contemplation des mystères de l'univers dont il permet l'approche. Une telle vision mystique est absolument nécessaire, mais ni le Maître de Musique, ni Knecht ne pensent que l'on puisse y parvenir en se retirant du monde. Il faut *agir* dans le monde, et réaliser ce que l'on est par l'action (vivre les mille vies). Et pour ces deux hommes, agir c'est *enseigner*. La différence entre eux et le Castalien moyen est celle qui sépare l'homme qui affirme la réalité de sa religion en la vivant de celui qui le fait par une retraite mystique, ou pire, par une contemplation extatique de la beauté du cérémonial et du rituel de l'Eglise. La retraite et la beauté ne venant qu'*après* que l'action a cessé d'être possible. Les Castaliens, en croyant le contraire, diminuent la signification profonde du Jeu, ils en excluent la «vie», de sorte qu'il ne peut plus véritablement symboliser la perfection et l'unité universelle. Mais en plus ils mettent en danger l'existence même du Jeu : ils risquent de perdre les moyens matériels de leur subsistance en ignorant ceux qui l'assurent. Knecht exprime cela clairement dans sa circulaire : l'état leur élèvera l'argent afin de mener les guerres qu'ils n'ont pu éviter.

Malgré ses intuitions de départ, et les connaissances approfondies qu'il développe sur les dangers du Jeu, Knecht s'y attache à tel point qu'en quittant Castalia, il meurt. Il choisit de servir le Jeu à cause d'un «appel» (la traduction de *vocation*), l'appel du Soi qui demande à être réalisé. Par l'hérédité et l'environnement, il est parfaitement apte. Mais le Jeu ne permet pas de survivre. La mort du vieux Maître de Musique suggère, par contre, que la musique le permet. Pour mieux comprendre les échecs du Jeu, il faut réfléchir à l'appel, fort semblable et pourtant différent, qu'a reçu le Maître de Musique.

La musique est une meilleure représentation du Tout. D'une part, sa nature abstraite, son système clos, son caractère non référentiel, sa logique, en font un symbole puissant de l'Esprit, du monde du père. D'autre part, sa qualité sensuelle, la réalité physique des sons qui pénètrent les sens et s'harmonisent aux rythmes des poumons et du cœur, son impact sur les émotions, en font aussi un symbole tout aussi puissant de la Nature, du monde de la mère. Mais, bien plus, la musique peut transcender ce dualisme et devenir un symbole du tout:

«La Musique naît de la Mesure; elle est enracinée dans la grande Unité. La grande Unité engendre deux pôles; les deux pôles engendrent la puissance de l'Obscurité et de la Lumière».

Ce reflet des grandes dualités universelles dans la musique la rend extrêmement réceptive (mais non vulnérable) à chaque société. Ainsi, lorsqu'une société se désintègre, sa musique devient fragmentée, discordante, désordonnée, démoniaque. Les qualités accentuées sont celles de la Nature. Or la musique est absorbée dans sa substance: son impact physique sur l'auditeur passe alors par le volume, la mesure, les discordances torturantes, les changements incroyables de rythme et de clefs, la juxtaposition extraordinaire des matières musicales. Par contre, lorsqu'une société est intégrée, sa musique contient la Nature et l'Esprit.

Elle les harmonise et commence à représenter le Tout. Hesse semble voir dans la musique baroque, représentée par Bach, la meilleure illustration de la bonne musique. Le baroque permet la somme la plus grande de nouveautés, de variétés, de combinaisons surprenantes de thèmes, d'instruments et de formes : tout ce qu'exprime une société désintégrée. Mais il intègre, il *contient*, ces éléments par le contrôle et l'ordre.

Voilà pourquoi c'est une fugue qui ouvre la carrière du jeune Knecht. Partant d'une mélodie que Joseph aime, le Maître de Musique lui fait voir les possibilités infinies de cet air simple et chéri. Il y ajoute une voix, puis à son grand étonnement, deux, puis trois voix, puis des ornements pour les embellir et des variations qui modifient la mélodie, le rythme, l'harmonie. Il les met ensuite en relation en leur faisant se répondre, se soutenir, s'entremêler ; il échange leurs rôles, créant un entrelacs complexe. Après avoir démontré la complexité potentielle de cette simple mélofie, le Maître de Musique crée alors, en partant de cette infinie variété, un tout : la fugue. D'un fragment de la mélodie, il abstrait un thème qu'il incarne en quatre voix. Il les combine trois fois. En écoutant la fugue du Maître de Musique, Joseph sent l'appel en lui :

« Au-delà de la musique qui se créait en sa présence, il voyait le monde de l'Esprit, l'harmonie joyeuse de la loi et de la liberté, du service et du pouvoir. Il s'y soumit et voua de servir ce monde, et ce Maître. Pendant ces quelques minutes, il vit son Soi, sa vie et le monde entier guidés, ordonnés, interprétés selon l'esprit de la musique ».

Le sens le plus profond de cette musique est que sous sa joie ou son chagrin, sous sa complexité étonnante, se trouve une harmonie qui révèle l'homme et l'univers. La personnalité du Maître de Musique établit la nature de cette affirmation : quoique ce dernier puisse inspirer la peur ou le chagrin, la clef de se personnalité est la sérénité.

C'est aussi la caractéristique ultime de Knecht et le ton dominant de tout le roman.

Cette sérénité du Maître de Musique est subtile et complexe. Ses caractéristiques principales sont la simplicité trompeuse, la joie paisible d'un Vasudeva ou d'un Abbé Daniel. C'est une «joie radieuse» qui provient de l'accord avec le Tout. Il lui faut admettre que la véritable liberté vient de la découverte de sa propre place au sein du Tout, et du travail accompli pour l'atteindre. Ce travail est un engagement à la discipline dans le cadre de la vocation, afin de réaliser les besoins du Soi. En cela, il crée l'ordre au-dehors et au-dedans qui transcende les dissonances illusoires et les incongruités de la vie. Le musicien qui comprend la vraie nature de son art ne se perd pas dans sa beauté troublante (quoiqu'il ne la nie pas); il la conçoit finalement comme une expression de ce que Hesse croit être le plus grand bien: l'unité.

Mais cette unité, malgré sa simplicité apparente, n'est pas plus facile à réaliser par ce biais que par la douleur et l'horreur de la mort, au travers des mille Soi. C'est l'action la plus difficile qu'un homme puisse entreprendre. Il faut une honnêteté parfaite pour obtenir une vision parfaite. Il faut l'engagement le plus profond, le travail et la discipline la plus dure pour transformer cette vision en une réalité vivante. Comme le fera Knecht, plus tard, le Maître de Musique réalise le Soi en acquérant d'abord une maîtrise complète de sa vocation, puis en tentant à tout prix, comme professeur, de faire de cette vocation, de cet «appel», une réalité dans la vie des autres comme il l'a fait pour Joseph. A la fin de sa vie, transcendant sa vocation, il parvient à ce qu'elle incarnait elle-même: le Tout issu de la fusion du Soi et de l'Univers.

Dans des épisodes postérieurs, le Maître de Musique insistera auprès de Knecht sur l'importance de la méditation comme moyen de garder la conscience du Tout ainsi que sur celle du service pour réaliser le tout par Soi. La méditation évite que la vocation ne devienne le but véritable. Elle libère celui qui travaille de la passion de l'ouvrage et le remet en contact avec le Tout, ce qui rend le sens, l'harmonie, la paix, la sérénité joyeuse à sa vie. Mais une vie consacrée à la seule méditation comporte aussi des dangers. Celui qui médite peut devenir mystique et perdre tout contact avec la société et la nature. Il lui faut pourtant maintenir ce contact pour son *propre* bien. En effet l'esprit, aussi central et important qu'il soit, *réside* dans une âme sensible à la société et dans un corps sensible à la nature. Par conséquent, sans intégrer la société et la nature, l'esprit peut certes obtenir une vision du Tout, mais il ne peut *pénétrer* devant le Tout. Il faut avoir vécu l'expérience sociale et naturelle pour atteindre l'expérience spirituelle complète.

Le maître de Musique croit que le mode de vie nécessaire est le service. Et la forme particulière de service qu'il a choisie est l'enseignement. Le professeur véritable réalise non seulement son soi social et son soi naturel par son service. Il conduit encore la société à une vision de sa relation au Tout. En bref, il réalise au mieux son Soi en aidant l'humanité entière à réaliser le sien. Or, le but ultime de chacun est le retour au Tout. Le destin de l'humanité est de commencer dans l'innocence, au sein du Tout non réalisé, puis de passer dans l'expérience qu'il faudra explorer et intégrer entièrement pour parvenir au Tout réalisé.

Le service, paradoxalement, est la voie qui mène aux plus grandes libertés. L'homme n'est libre que de choisir quels principes il servira. Le choix fait, il y est asservi. Mais cette servitude ne lui semblera pas un esclavage, car il a choisi sagement : il a choisi précisément ce qu'il veut faire et ce qu'il doit faire en accord avec les exigences de son Soi. Castalia, par exemple, fait le choix pour l'étudiant en partant du principe que le professeur connaît mieux sa véritable nature que lui. Lorsque le système se trompe (c'est le cas de l'affectation de Knecht au corps diplomatique), il réexamine la situation et cherche le rôle qui convient le mieux à l'étudiant. Dans sa forme idéale, la Castalia devrait être une société organisée, c'est-à-dire une harmonie d'individus, plutôt qu'un système conçu mécaniquement qui les écrase. Chaque homme y ferait ce qu'il sait devoir faire pour servir l'ensemble. Mais il ne lui faudra pas se limiter, se compromettre; en effet, la véritable découverte du Soi est la reconnaissance de son identité avec le Tout. La plus grande liberté est atteinte dans l'harmonie.

Dans la hiérarchie castalienne, les obligations de l'individu doivent croître en même temps que son pouvoir et sa capacité. C'est là que se situe l'un des plus grands problèmes de Knecht, car, comme le Maître de Musique, il a une personnalité extraordinairement charismatique, fondée sur la perfection qu'ont les autres des vérités universelles qu'il recèle auxquelles il réagit. Un tel pouvoir rend le service encore plus nécessaire. Si Knecht doit régner sur Castalia sans la détruire, il doit agir de sorte que ses membres puissent se comporter comme il le faut. En tant que Maître, Knecht doit *intégrer* la Castalia, il doit répondre à toute une infinité de potentiels humains et à leurs relations avec le Tout. Il en a le pouvoir et il doit le mettre en œuvre. Sinon il détruira la Castalia, et ce faisant, se détruira lui-même.

La Castalia serait idéale si elle était la société humaine totale. Mais elle ne l'est pas. En tant qu'il incarne l'esprit de Castalia, Knecht doit l'aider à se réaliser. Mais en tant qu'Esprit de l'Humanité, Castalia n'aide pas la société à se réaliser : elle ressemble plutôt au mystère méditatif qui s'est détourné de la société et de la nature. Par l'intermédiaire du Jeu des Perles de verre, la Castalia peut contempler la beauté et la vérité du Tout. Elle sera donc détruite par la guerre et le chaos émanant des profondeurs de cette société qu'elle n'a pas pu intégrer et comprendre.

En fait, une Castalia hors du monde est prématurée, contrairement au retrait du Maître de Musique. Lui, tout en gardant le contact avec le Tout par une méditation régulière, sert les autres, se sert lui-même et sert sa vocation. Il continuera ainsi jusqu'à ce qu'il ait épuisé son action, tout comme le fit Goldmund. C'est seulement alors que la nature s'allie à l'esprit et que le Maître de Musique atteint le Tout. Au moment de sa mort, dans chaque partie de son corps, dans chacun de ses mouvements, Knecht croit percevoir la musique. De plus, le visage du Maître de Musique exprime la sérénité joyeuse de celui qui a atteint le Tout. Knecht aussi atteindra cette sérénité joyeuse. Mais son corps sera détruit. Le Jeu n'a pu l'utiliser.

Cette discussion du Jeu des Perles de verre et de la musique cerne l'un des grands problèmes du roman: le dangereux manque de signification du Jeu, par opposition à la musique, en ce qui concerne la nature et la société. Comme je l'ai montré, le manque de signification est en grande partie dû au facteur humain. En réaction à la dévaluation de l'intellect au vingtième siècle, la hiérarchie de Castalia insiste sur la conservation de la culture, plutôt que sur sa fonction éducative. Alors que le vingtième siècle avait avili la vérité par la vulgarisation, le vingt-quatrième siècle en était arrivé à l'extrême opposé: il conservait l'essence de la vérité dans un Jeu des Perles de verre, que seuls une poignée d'intellectuels d'élite comprenaient. Or ceux-ci ont une influence considérable sur la hiérarchie des valeurs dans le système éducatif: les intellectuels les plus purs recevront les plus hautes récompenses, alors que les moins doués sont envoyés dans la société pour enseigner dans la société. Ce n'est qu'après de longues années d'études que Knecht comprendra parfaitement les dangers de cette position.

Mais il y a une question plus profonde qui le préoccupe depuis le début. Le Jeu n'est-il qu'un jeu, ou possède-t-il une dimension plus large, propre à la musique ? C'est une question à laquelle il est difficile de répondre car, là encore, le facteur humain intervient. D'une part, il y a des musiciens, comme Carlo Ferromonte, qui gardent une attitude typiquement castalienne vis-à-vis de leur vocation. D'autre part, il y a ceux qui, comme le Maître de Musique, prennent une position plus équilibrée : ce dernier est conscient de l'importance relative de la beauté et de la moralité de la musique. Pour percevoir la première il a recours à la méditation, pour la seconde à l'enseignement. Sa vie morale active crée un support pour sa vie contemplative, passive et, finalement, le Maître de Musique devient un « saint » : l'incarnation humaine de la musique. Le Jeu permettra-t-il à Knecht de suivre la même voie, ou n'est-il qu'une simple mode intellectuelle ? Il s'agit manifestement ici d'une question vitale, car le Jeu s'est toujours trouvé au centre de chaque étape du développement de Castalia. La perte du Jeu impliquerait peut-être celle de la Castalia. Or, à l'époque de Knecht, ce danger est réel : non seulement le Jeu n'a pas de signification pour une société qui avance rapidement vers la guerre, mais encore ceux qui jouent apparaissent extrêmement suspects aux autres Castaliens.

De plus, Knecht est confronté à un problème plus grave encore que la question du Jeu met en évidence. Comme Siddharta, Harry et Hermine, Narcisse et Goldmund, il est une personne « d'exception » : en lui la force intérieure est puissante. Il doit découvrir ses exigences et les suivre.

C'est son « destin ». Son Soi pourra-t-il être incarné par le Jeu ? Comme Knecht mourra rapidement après avoir quitté son poste de *Magister Ludi*, la réponse à cette question est déterminante pour l'analyse du dernier roman de Hesse. Une réponse négative implique une négation de l'effort humain. Par contre une réponse positive implique que soit maintenue l'affirmation faite jusqu'à présent.

La détermination de l'état de conscience de Knecht à une époque précise du roman, pose un problème particulier. Il a une connaissance à la fois consciente et inconsciente de tout ce qui vient d'être suggéré. Mais il n'en est pas pleinement conscient. Comme je l'ai montré dans la discussion de l'impact de la fugue sur Knecht adolescent, son Soi non réalisé répondra pleinement à cette expérience externe agréable par ce qu'il décrira comme un « appel ». D'autre part, la nécessité de préserver une relation équilibrée entre la méditation et le service est exprimée très tôt par le Maître de Musique. Ce message clair parviendra rapidement à la conscience de Knecht, qui l'intègrera à son développement. Mais, comme Hesse l'a montré à plusieurs reprises, la connaissance ne garantit pas la sagesse. Knecht devra intégrer la conscience de son Moi à l'inconscience de son Soi pour réaliser ce dernier. Pour affirmer que Knecht « connaît » quelque chose il ne suffira donc pas de montrer qu'il a exprimé telle idée dans une lettre ou symbolisé telle réalité psychologique dans un poème ou une histoire.

La progression générale du développement de Knecht va de l'« appel » à l'« éveil », d'une demande impérative de son inconscient à une conscience claire de la nature et de la nécessité de cette demande. Ces deux mots sont d'une grande importance dans la formulation d'un jugement clair sur l'état d'intégration de Knecht. Mais malheureusement nous sommes à la merci d'un biographe pédant, qui nous donne des faits, et omet régulièrement des informations vitales. Pourquoi Hesse reste-t-il ainsi dans le vague ? Parce que, me semble-t-il, c'est par ce biais privilégié que Hesse parvient le mieux à nous faire croire profondément que Joseph Knecht a accès à des connaissances, à des mondes situés bien au-delà du nôtre.

Voici un résumé des années d'études de Knecht. Il reçoit l'« appel » du Maître de Musique à l'âge significatif de la puberté. A l'époque où il quitte le Lycée (Eschholz), Knecht a déjà reçu du Maître de Musique d'importantes leçons sur le service et sur la méditation. Pendant ses années universitaires, il rencontre les exigences du monde actif au travers de sa rencontre avec Plinio Designori. Il écrit des poèmes révélant une conscience complexe des vertus et des dangers du Jeu, et décide de faire subir à ce dernier une épreuve rigoureuse. Ceci est accompli pendant sa période d'études libres. Pendant celle-ci, il montre dans ses récits (*Les trois vies*) qu'il est fortement absorbé par tous ces problèmes. Il est pourtant difficile d'estimer à quel point Knecht est conscient de la signification profonde de ses récits. D'autre part, il écrit et reçoit des lettres qui prouvent qu'il est conscient de la nature et de la valeur du Jeu, ainsi que de son propre pouvoir charismatique et de la nécessité de contrôler ce dernier par le service. Mais la connaissance ne suffit pas. Ce n'est qu'après, avec le Frère Aîné, pendant son initiation à l'*I Ching*, qu'il prendra conscience du début de son éveil. Il accepte alors avec joie une invitation à s'intégrer à l'ordre castalien, et se voit immédiatement affecté au monastère bénédictin de Mariafels.

Quoique ce résumé rende relativement bien compte des points principaux, trois sujets nécessitent un commentaire plus approfondi : les *Poèmes, Les Trois Vies* et la visite chez Frère Aîné. Comme je l'ai déjà dit, il vaut mieux lire les deux premiers en même temps que les années d'étude : ils nous offrent une vision plus nuancée qui échappe au biographe.

Pendant son initiation au Jeu des Perles de verre, et au monde, opposé, de Plinio Designori, Knecht écrit treize poèmes dans lesquels il s'affronte aux problèmes de l'éphémère, de la nature, de la société et de l'esprit. Ces poèmes sont importants : ils nous montrent que Knecht est bien plus conscient de ses possibilités de choix, que ce que nous en dit le biographe. Ils révèlent qu'il prend un engagement envers le Jeu alors qu'il a l'intuition que celui-ci disparaîtra un jour. Il prend pourtant cet engagement car, à son époque, c'est le Jeu qui incarne le mieux la perception du Tout. Contrairement au Maître de Musique, Knecht est destiné à représenter le vingt-quatrième siècle lui-même.

Dans le premier poème, Knecht manifeste son effroi. Gomme Goldmund il s'aperçoit que le monde est transitoire et il aspire à « devenir pierre, à durer ». Il n'est qu'à peine touché par les angoisses de Harry Haller, mais il refuse de devenir un homme unidimentionnel : « Rayons l'unidimensionnel de notre liste ». Il reconnaît parfaitement les exigences du monde-mère envers lui, fait qu'ignore virtuellement le biographe mais qui paraît important dans « La légende ». Knecht ne doute guère du pouvoir du « sang, de la barbarie, de la nuit... De la conception, de la naissance, de la souffrance et de la mort » sur le plus tranquille des joueurs. Les hommes les plus simples pouvaient deviner que les joueurs étaient inconsciemment obsédés par « l'amour de la vie et la mort, le désir et l'angoisse..., couples gémellaires dont il est impossible de distinguer les membres ».

Passant des joueurs au Jeu lui-même, Knecht perçoit l'art de la même façon que Goldmund. L'esprit de l'homme peut s'élever au-delà du monde-mère transitoire et gagner, «par le désir, l'immortalité». Mais le Jeu permet-il cette élévation? Knecht a une vision d'un monde dépeuplé par la guerre et la maladie, où un dernier joueur joue futilement au Jeu des Perles de verre. Son jeu n'empêchera pas la destruction. Et pourtant il y a Bach: de la nuit et du chaos, une toccata de Bach crée un univers entièrement nouveau, beau, remplaçant implicitement celui qu'a perdu le dernier joueur. Ce monde durera-t-il? Non. «Un Rêve»: une bibliothèque de livres extraordinaires contenant des vérités fabuleuses est visitée par un vieux bibliothécaire. Il efface ces nouveaux mondes, engendrés comme celui de la toccata, aussitôt qu'ils apparaissent. Les plus grandes créations de la culture humaine sont tout aussi éphémères que leurs créateurs.

Pourtant, quelque part, il y a la vérité et la voie qui y mène, et qui, par là, conduit au Tout. Et même si le Jeu ne peut répondre aux problèmes de la société, les joueurs peuvent conserver «en métaphore, en symbole et en personne» la connaissance et l'expérience perdue du Tout. C'est le pouvoir de chaque homme: celui du vieux savant condensant sa sagesse en un dernier livre, celui du jeune savant présentant de nouvelles visions pénétrantes dans son premier livre, et celui du garçon qui fait des bulles sous l'eau. Tous vivent dans un monde transitoire, illusoire (la Maya). Mais «en chacun d'eux la Lumière de l'Eternité se réfléchit et brûle plus éclatante encore». Et à certains moments privilégiés de l'histoire de l'humanité, un certain homme d'une certaine civilisation peut redécouvrir les vérités anciennes. D'autres, affirme Knecht, dans des civilisations plus dégénérées, peuvent au moins sauvegarder la lumière pour des temps meilleurs.

Knecht conclut par le poème qui deviendra son préféré: «Etapes», qui au départ avait reçu pour titre «Transcende!». Sa sophistication castalienne l'empêche d'employer le titre final jusqu'à ce qu'il ait acquis la pénétration de ses derniers jours. Dans ce poème, il s'aperçoit que les vérités de chaque homme s'effaceront; que pour chaque homme le moment viendra où il devra dire «Adieu» à sa vérité, aussi belle soit-elle. En effet, au-delà de toutes ces vérités particulières se trouve l'«Esprit cosmique» poussant l'homme «étape par étape... vers des espaces plus larges et nouveaux». Il termine ses poèmes en s'engageant envers le Jeu des Perles de verre, tout en sachant pleinement qu'il disparaîtra comme toutes les productions de l'homme. Mais le Jeu est la plus grande création de son époque, le maître le plus puissant, car c'est lui qui, pour le vingt-quatrième siècle, représente le mieux la vérité du Tout:

> «Et quand nous consultons nos perles, nous servons le Tout. Nous ne pouvons ni errer ni nous perdre car nous sommes dans l'orbite de l'Ame cosmique».

L'on peut présumer qu'après avoir écrit ces poèmes, Knecht gagne le respect de Plinio Designori, et lui fait comprendre l'idéal castalien. Mais Plinio lui aussi a imposé le respect de sa position à Knecht. Le musicien Carlo Ferromonte conclut:

> «Le contraste entre le monde et l'Esprit, entre Plinio et Joseph, qui me paraissait le conflit de deux principes inconciliables, s'était transfiguré, devant mes yeux, en un double concerto».

Mais bien que la relation entre le «monde et l'Esprit» ait été établie, leur unification demeurera un problème pour Knecht jusqu'à sa mort.

Ecrites peu après, *Les trois vies* présentent beaucoup plus de difficultés que les poèmes. En effet, si ces derniers sont explicites quant aux opinions de Knecht, les *Vies* sont totalement symboliques. Une seconde difficulté provient de ce que Hesse a situé les *Vies* à la fin du livre. Ceci suggère qu'avec les *Poèmes* elles doivent expliquer d'une certaine manière la mort étonnante et soudaine de Knecht. Je traiterai deux fois des vies, ici, et à la fin du chapitre. Je vais maintenant tenter de déterminer à quel point elles ont pu aider Knecht à résoudre ses problèmes, pendant ses études.

Avant d'écrire les *Vies*, Knecht avait eu un second « appel » qui lui avait donné une vision de la relation du Jeu avec le Tout. Mais son humeur est trouble : à cause de sa controverse avec Plinio, il doute de la valeur de sa vocation. Les doutes sont si profonds, et le choc si grand, qu'il se retire du monde étudiant. Pendant cette retraite, il met à l'épreuve les mécanismes du Jeu, et en est satisfait. Il doute cependant qu'il puisse en faire une vocation, car il stimule trop sa propension au mysticisme. Finalement, il rend visite à Frère Aîné, l'ermite, pour se faire initier à l'*I Ching*. C'est alors qu'il s'aperçoit du « début de son éveil ». Malgré sa décision de quitter sa retraite et d'agir, il ne sait que faire. La Castalia choisit pour lui : elle l'envoie à Mariafels.

A la lumière de cette situation, il me semble que l'importance première de ces *Vies* dans la conscience de Knecht à cette époque, est liée à la relation entre monde et Esprit, et plus particulièrement à la question de savoir quelle forme doit prendre l'Esprit pour pouvoir agir sur le monde. Le personnage actif qui apparaît le plus souvent dans ces vies est le professeur. Mais, à la lumière du fait qu'à cette période « Knecht se sentait peu attiré par cette profession », on peut conclure qu'il ne pouvait trouver dans les *Vies*, à cette époque, ce qu'il allait finalement y découvrir. Il se conçoit plutôt comme quelqu'un qui étudie, comme celui qui sauvegarde le Tout, plutôt que comme celui qui le communique. Cette hypothèse est soutenue par le fait qu'étudiant dans les trois récits, il n'est professeur que dans le premier. De plus, il y a progression dans les récits du premier, où il est professeur et étudiant, profondément impliqué dans le monde, au second, où il est moine, et enfin au dernier où il ne vit dans le monde que pour le rejeter totalement. Au niveau du conscient, Knecht devait considérer la dernière vie comme la plus agréable. Lui-même s'était retiré de la société pour contempler le Tout par l'intermédiaire du Jeu des Perles de Verre. Mais, bien entendu, les vies ont bien plus de signification pour Knecht que ce qu'il en «sait». A ce moment, son Soi émet de puissants signaux exprimant sa nature, mais ceux-ci ne parviennent pas à sa conscience et cela surtout parce qu'il n'a que l'expérience de l'étude, n'étant pas actif dans le monde.

1. Dans «Le Faiseur de pluie», Knecht vit dans une tribu matriarcale du néolithique, dont le seul membre mâle de quelque importance est le sorcier. Celui-ci sert la tribu en la guidant dans ses vitales activités agricoles. Ce n'est pas un charlatan; ses avis proviennent de connaissances durement acquises des phénomènes subtils de la nature, et d'une sagesse profonde par laquelle il est en accord avec cette dernière. Le vieux sorcier Tourou choisit Knecht pour lui succéder, et il lui apprend ses talents péniblement conquis. Knecht les améliore. Progressivement, il accorde à l'homme, dans sa conception de la tribu, un statut différent de celui des matriarches, et qui le rend essentiel à la survie de la tribu. Finalement, la nature et les matriarches s'allient pour le détruire selon les procédés du monde-mère. Il se sacrifie alors volontairement. Mais d'abord il s'assure que son poste ira à son propre fils, qu'il a épargné de la connaissance, traumatisante, du désastre naturel qui l'a perdu. Il lui a appris les connaissances de son propre maître, enrichies de ses propres découvertes et de sa sagesse. Il ne s'agit pas ici simplement d'une transmission de

savoir, mais d'une évolution positive vers une perception plus grande du Tout.

2. «Le confesseur» se situe au quatrième siècle après Jésus-Christ, à l'époque des fondations de monastères par saint Hilarion. Ce récit met en scène la relation élève-maître de deux ermites du désert que l'on consulte pour obtenir de l'aide spirituelle. Le nom du plus jeune, Josephus Famulus, signifie à nouveau «valet», ou *Knecht*. Comme les psychothérapeutes d'aujourd'hui, pour aider il écoute passivement, avant d'accorder le pardon. Le plus âgé, Dion Pugil (le «combattant»), prend par contre une attitude sévère, parfois violente, envers ses patients. Il devine leurs problèmes avant qu'ils ne parlent et perce leurs défenses. Il donne des conseils énergiques et des pénitences rigoureuses. Tourmenté par une nausée spirituelle siddhartéenne, Famulus cherche un jour à être soigné par Dion. Il rencontre le vieil homme dans une oasis et lui fait sa confession. Il est surpris de recevoir la réponse que lui-même aurait donnée. Dieu ramène Famulus chez lui, et l'oblige à acquérir plus de compassion encore pour le païen et le criminel. Il lui impose comme pénitence de devenir son serviteur. Lorsque le vieil homme sent qu'il va mourir, il avoue à Famulus que le jour où ils s'étaient rencontrés, à l'oasis, il venait lui-même à la recherche de son aide. Mais Famulus avait fait sa demande en premier, et Dion avait sacrifié son calme spirituel au sien: le maître avait servi l'élève en même temps que l'élève servait le maître. A la demande de Dion, Famulus plante un arbre sur sa tombe et «il en vit les premiers fruits avant sa mort». L'arbre implique, comme dans Narcisse et Goldmund, qu'il y a eu unification de la passivité de Famulus et de l'activité de Dion. Knecht reherche la même synthèse avec Plinio Designori. A nouveau, l'élève est enrichi et entraîne l'humanité plus loin dans la perception du tout.

3. Dans « La biographie indienne », Knecht s'incarne en Dasa, jeune noble exilé à cause de la jalousie de sa belle-mère. Devenu berger, il visite la ville de son beau-père, le roi Nala. Dans la joie d'une fête, il y épouse la ravissante Pravati, que Nala lui enlèvera. Il assassine Nala et s'enfuit dans la jungle où il avait rencontré auparavant un vieux yogi menant une vie sainte. Il vit avec le yogi, il le sert, lui apportant nourriture et boisson. Mais comme Vasudeva, le gourou dans *Siddharta*, le maître ne donne pas de leçons explicites: il est pris par sa vision du Tout. Dasa le regarde méditer et essaie de l'imiter. Quand Dasa l'implore de l'instruire, il répond simplement « Maya » (l'illusion qui nous mène à croire au monde des objets et des événements). Lorsque Dasa le conjure de lui donner des instructions pour accéder à la Maya, le yogi lui donne une gourde pour aller chercher de l'eau.

Au printemps Dasa pénètre la Maya sans l'avoir fait exprès: il retrouve Pravati, son trône perdu et un fils. Il entre en conflit avec sa femme et en guerre avec un prince avoisinant. Sa défaite lui enlève son fils et sa femme. Il se réveille alors auprès de la rivière. Après avoir vécu toutes les joies et les terreurs de la vie, il comprend, comme Knecht, ce qui en fait l'illusion, et que la seule réalité est le Tout auquel accède l'homme. Par un simple « regard, contenant une trace de sympathie bienveillante », Dasa demande au yogi de devenir son disciple. Celui-ci accepte le berger-roi. Dasa entre alors dans une retraite profonde et « ne quitte jamais plus la forêt ».

La conception finale de Knecht étudiant est probablement celle de Dasa. Comme le rêve de ce dernier incarnait la Maya, le Jeu incarne les réalisations culturelles vouées à périr des civilisations passées. Il les sauvegarde et les dispose en une raison harmonieuse qui, vue par « un esprit véritablement méditatif », symbolise:

« Le mystère cosmique intérieur, où, dans l'aternance de l'inspiration et de l'expiration, du ciel et de la terre, du Ying et du Yang, la sainteté se crée à jamais ».

Incarnant et la Maya et la totalité des vérités humaines, le Jeu est une « *lingua sacra*, un langage sacré et divin ». Knecht s'y engagera totalement.

Tout en comprenant les bienfaits du Jeu, Knecht en perçoit les dangers dont il parle avec le Maître de Musique : il craint qu'il ne puisse faire du Jeu sa vocation. Ce dernier le conduira en effet à une vision extatique du Tout qui le poussera à abandonner le monde devenu Maya. Le Maître de Musique lui répond que l'on ne peut « enseigner » le Tout (le yogi n'a rien « appris » à Dasa), et qu'il peut s'incarner dans le Jeu, la musique ou la poésie.

L'on ne peut apprendre que par l'expérience éprouvante commune à Knecht et Dasa. Le rôle du professeur est de servir : il doit rendre le Jeu, la musique, le poème accessibles à l'élève :

« Le rôle du professeur, du sage, est d'étudier les moyens, de cultiver la tradition et de sauvegarder la pureté des méthodes ».

C'est alors à l'élève de percevoir le Tout qu'on lui enseigne. Pour ce qui est de la peur de se perdre dans le Tout qu'éprouve Knecht, le Maître de Musique affirme avec une ironie désabusée qu'un « Maître du Jeu, ou un professeur dont l'intérêt principal serait de se trouver au plus près du « sens le plus profond » serait un professeur exécrable ».

Knecht doit alors décider s'il veut poursuivre sa retraite ou agir au sein de l'Ordre. C'est au cours de sa visite chez Frère Aîné qu'une décision s'impose à lui. C'est le début de l'« éveil » : l'arrivée au niveau du conscient d'un « appel » inconscient jusqu'alors. Il a alors deux intuitions. La première est que le *I Ching*, auquel Frère Aîné s'est consacré, est un système symbolique qui, par opposition au Jeu des Perles de verre, peut guider l'humanié. Lorsque Knecht propose naïvement à Frère Aîné d'intégrer l'*I Ching* au Jeu des Perles de verre, celui-ci lui dit en riant :

> «Chacun peut créer, dans le monde, un joli petit jardin de bambou. Mais je doute que le jardinier puisse intégrer le monde à son jardin de bambou».

Le «joli petit jardin de bambou» est sans doute le Jeu des Perles de verre. Voici le premier écrit de Knecht à son sujet :

> «La totalité de la vie physique et mentale est un phénomène dynamique dont le Jeu des Perles de verre saisit essentiellement le côté esthétique seulement, et cela surtout au travers d'images de processus rythmiques».

Le Jeu ne contient la beauté du Tout qu'en termes de processus cyliques de la naissance et de la détérioration de l'esprit humain. Le *I ching* par contre représente le Tout, et pour cela il n'emploie que deux symboles — et — —

Le *I Ching* est fascinant et dérangeant. La première fois que j'ai utilisé ces bâtons divinatoires pour vérifier la précision de Hesse, j'ai obtenu, parmi les soixante-quatre possibilités, le même hexagramme que lui. Hesse est d'ailleurs très précis. L'hexagramme que vit Knecht était le suivant :

```
─────  ─────
───────────
───────────
─────  ─────
─────  ─────
───────────
```

Les trois lignes supérieures représentent la montagne, «Gen». Les trois lignes inférieures représentent l'eau, «Kan». L'hexagramme entier représente, selon Frère Aîné, la «folie de la jeunesse». Mais il y a bien plus dans cet oracle que ce qu'il n'en dit. Traitant de l'hexagramme

« Kan » (obtenu en superposant deux fois les trois lignes représentant « Kan »), Jung suggère certaines implications psychologiques du *I ching* :

> « Le K'an est certainement l'un des hexagrammes le moins agréable. Il décrit une situation où le sujet semble en grave danger d'être pris dans toutes sortes de pièges. Le K'an apparaît souvent chez des patients où l'inconscience (l'eau) a une importance prédominante, et qui sont par conséquent sujet à des phénomènes psychotiques »[4].

Je me contente pour l'instant de faire remarquer que Knecht mourra à cause d'un « jeune sot ». De plus il mourra dans un lac, au pied d'une montagne. Cependant, la montagne, le lac, la jeunesse, ont une signification symbolique supplémentaire, comme le suggère l'interprétation de Jung. Ils se réfèrent à la structure de la psyché et, par-delà elle, à la nature du cosmos, du Tout. Par opposition à l'extraordinaire amplitude référentielle du *I Ching*, le Jeu des Perles de Verre est bien un « joli petit jardin de bambou ». Cependant, on peut interpréter la métaphore du jardin autrement et c'est apparemment cette voie que choisit Knecht. Frère Aîné vit lui-même dans un joli jardin. Il a pu créer un jardin dans le monde, mais comment amener le monde dans son jardin? Knecht écarte le rôle du jardinier. Ce n'est pas en tant qu'excentrique isolé qu'il pratiquera le *I Ching*. Sa « force, ... son indépendance, ... le fait qu'il ne compte que sur lui-même » l'oblige à « ne servir que le plus grand maître ». Et ce maître, c'est le Jeu. Cependant le caractère de Knecht a un impact charismatique sur ceux qui l'entourent. De toute évidence, pour réaliser le charisme du Soi, il doit vivre dans le monde, et non dans le jardin. Mais comment doit-il employer son pouvoir sur les autres ? L'histoire lui a montré que le pouvoir corrompt le puissant et détruit le faible lorsqu'il est

---

[4] Carl G. Jung, *Psychology and Religion: West and East* (New York, Pantheon, 1958), p. 604. L'article de Jung fut d'abord publié comme préface d'une édition anglaise de la traduction allemande du *I Ching* qu'employait sans doute Hesse.

employé pour lui-même. Knecht doit donc utiliser ses pouvoirs au service des autres, mais à nouveau, comment ? Le seul rôle qu'il puisse remplir en Castalia est celui d'enseignant. Or, à ce stade de sa vie, il préfère encore le Jeu, malgré ses doutes dus au *I Ching*.

La Castalia lui évite le choix : elle l'accepte dans l'Ordre et l'affecte à Mariafels. Comme c'était le cas lors de l'apparition du Maître de Musique au moment de l'«appel», au moment de l'«éveil» aussi, une force externe comble les besoins du Soi. L'action s'avérant nécessaire, une situation qui la permet apparaît rapidement.

Après avoir décidé de s'intégrer à l'Ordre Castalien, Knecht abandonne la tentation d'une vie contemplative comme celle que mène Frère Aîné et il s'engage dans la *vita activa*. Celle-ci se déroule en trois temps : le service diplomatique à Mariafels, la charge de *Magister Ludi*, et le service auprès de la société, qu'incarne la famille Designori. Les chapitres concernant la décision que prend Knecht de mener une vie d'action sont bien plus clairs que les autres. En effet, Knecht prend de plus en plus conscience de sa position, et ceci parce que sa vie active nécessite une articulation plus claire. Si «Knecht» veut dire «valet», «Joseph» vut dire «qui intensifie». Il entrera maintenant dans cette seconde fonction.

Lors de l'affectation de Knecht auprès du monastère bénédictin de Mariafels, la Castalia a, comme je l'ai dit, un but caché : parvenir à une alliance diplomatique unissant les intérêts spirituels et institutionalisés du pays. Cependant, Knecht croit avoir été envoyé pour enseigner le Jeu des Perles de verre aux moines. Lors de cette mission, il ne se fait qu'un disciple, Anton ; sinon le Jeu ne suscite que peu d'intérêt. Mais, par ailleurs, il convainc le père Jacobus que le dialogue est possible entre l'Eglise et Castalia, et accomplit ainsi sa seconde mission.

Sa position vis-à-vis de Jacobus reste malgré tout celle d'un étudiant plutôt que celle d'un enseignant. Le vieil historien lui montre combien il est nécessaire pour une institution d'avoir une conscience historique. Comme le disait l'historien Jacob Burckhardt (sur lequel le personnage du père Jacobus est calqué) : « La connaissance historique ne nous rend pas plus malins pour la *fois suivante*, mais plus sages pour toujours »[5]. La recherche castalienne des vérités éternelles conduit à la connaissance, non pas à la sagesse. Ayant oublié ses origines, perdue dans l'éternité, la Castalia n'atteindra pas le plein développement que seul le passage de la connaissance à l'expérience peut procurer.

Or l'Eglise possède cette sagesse. Elle vit à la fois dans le monde et dans l'au-delà. L'histoire de Mariafels donne une bonne idée de la façon dont s'est développée sa sagesse. Au départ, c'était une institution qui insistait sur la théologie et la logique, à l'opposé de la Castalia qui insistait sur l'organisation symbolique du contenu philosophique de ses disciplines. Mais ses centres d'intérêts ne lui suffisaient pas et Mariafels entra dans une période de somnolence. Elle abandonne alors l'intellect pour se concentrer, de façon presque castalienne, sur la beauté. Elle devient un grand centre musical. (Ceci semble être plus ou moins l'état de la Castalia à l'époque où se situe le roman). Mariafels donc s'attachera à la beauté de l'Esprit plutôt à la signification spirituelle qui l'avait d'abord motivée. Mais Mariafels progresse plus par le service de Dieu que par la Vérité abstraite. Elle a pris un rôle auquel la Castalia ne songe qu'aujourd'hui. Dans une société chaotique elle est devenue une force politique, « une petite île de raison où les esprits supérieurs des parties opposées... tentaient de

---

[5] Paraphrase de Paul Oskar Kristeller, *Renaissance Thought* (New York, Harper and Raw, 1961), p. 90.

parvenir à une réconciliation». Sa dernière grande réussite est un traité de paix entre «les nations épuisées». Maintenant Mariafels attend de voir quels seront les nouveaux développements. Elle leur survivra, car elle a appris la leçon de l'historien: «Etudier l'histoire signifie se soumettre au chaos tout en continuant à croire à l'ordre et au sens... une tâche très sérieuse... et peut-être tragique». Ces mots du père Jacobus effraient Knecht.

Quoiqu'il soit très attiré par Mariafels, Knecht sait qu'il n'y a pour lui aucune possibilité de conversion, ni de rôle actif comme politicien. Il en est clairement au même stade de développement que la Castalia en général: tous deux sont loin de la foi qu'incarne Mariafels. Avant de devenir politiques, les Castaliens doivent apprendre à connaître l'homme: «comme bête et comme image de Dieu». Tout ce qu'ils connaissent c'est la nature des Castaliens, «résultats d'une expérience de sélection étonnante». Knecht tombe d'accord avec Jacobus quand celui-ci lui dit qu'il lui faut servir «le système dont il était membre, sans se demander si ce dernier pouvait revendiquer une existence perpétuelle ni même une vie prolongée».

Knecht retourne en Castalia pour étudier le Jeu des Perles de verre, et y gagne un grand tournoi. Et, comme d'habitude, le monde extérieur l'appelle rapidement: il est élu *Magister Ludi* à la mort soudaine de Thomas de la Trave. Pendant les jours qui précèdent l'élection, une prophétie significative du destin de Knecht se produit: le dernier Jeu de Maître Thomas est un échec. Or celui-ci considérait que le Jeu était plutôt «apparenté à l'art» qu'à la religion ou la philosophie. Ceci suggère que l'obsession esthétique de la Castalia touche à sa fin et qu'elle ressent des besoins nouveaux, comme le montrent ses tentatives de rapprochement avec l'Eglise. Or, les fins de périodes impliquent des sacrifices. C'est ainsi que l'assistant de

Maître Thomas, Bertram (l'«ombre») est brutalement placé par l'élite castalienne dans une situation telle qu'il est obligé de se suicider. L'aversion prolongée qu'il suscite chez des plus jeunes membres de l'élite est le symbole d'une réaction contre les aspects implicitement négatifs du règne esthétique de Maître Thomas. En fait, Castalia n'est pas du tout consciente de cette réaction, ce qui en explique la brutalité. C'est lui qui, par un acte sauvage, se sacrifiera pour amener cette dernière à une plus grande conscience de sa réalité humaine. D'ailleurs, lorsqu'il reçoit la charge de *Magister Ludi*, Knecht se sent «comme si lui-même était sur le point de se sacrifier et de disparaître comme l'Ombre».

Mais Knecht maîtrise sa charge comme peu de *Magister* l'ont fait avant lui. Sa première tâche, et la plus éprouvante, est de se gagner la jeune élite castalienne, celle qui, tout comme l'esthète radical Tegularius, avait imposé la destruction de Bretram. Il réussit grâce à son charisme, et parvient à souder en un seul corps ces jeunes gens destinés à être un jour les maîtres de Castalia. Ce sont ces étudiants qui écriront plus tard «La Légende». Knecht fait donc ses premiers pas dans le rôle de professeur. Cette période constitue la seconde étape de son éveil, elle le modère et le calme; ses réussites extraordinaires le laissent étonnamment serein.

Dans une leçon adressée aux jeunes professeurs, Knecht résume ses conclusions passées: le Jeu nécessite une discipline intellectuelle contraignante, mais aussi une certaine flexibilité qui unit les autres et évite les dangers de la spécialisation. Les professeurs jouent un rôle essentiel à cette fin: ils ont la charge de maintenir le Jeu dans un état de développement constant et doivent éviter à tout prix la «virtuosité vide de sens» et la soif du pouvoir. Ce qui est possible si l'on maintient l'équilibre entre les grands principes castaliens: «l'objectivité, l'amour de la vérité et de l'étude, le souci de la sagesse et de l'harmonie méditative». Il pousse les jeunes professeurs castaliens à ajouter à leur éducation intellectuelle une réflexion sur «la moralité de l'Ordre». Il leur faut apprendre à progresser dans un va-et-vient entre la vie active et la vie contemplative, où elles se soutiennent mutuellement. Joseph (l'augmentateur) s'aperçoit progressivement que «*Magister Ludi*» signifie non seulement «Maître du Jeu» mais aussi, au départ, «Intellectuel».

Knecht mettra un certain temps pour comprendre les actions qu'il doit entreprendre au long terme. A court terme, il veut renouer le Jeu et y parvient en créant un jeu «psychologique» (qui nécessite une méditation sur le sens du monde représenté par le Jeu): *le Jeu de la Maison Chinoise*. Quoique la nature précise en soit comme toujours obscure, ce jeu symbolise le grand désir de Knecht: lier le Jeu à la vie extérieure à Castalia. De nouveau il fait appel à la chimie pour se procurer les symboles nécessaires, et fait du Jeu une véritable maison, située à la fois dans la société et l'univers. L'étude du *I Ching* lui a permis d'apprendre «l'antique et rituel confucéen» de construction d'une maison. On y dispose les portes, les murs, les bâtiments et les cours de sorte que la disposition physique en fasse «un symbole du cosmos et de la place de l'homme dans l'univers». Knecht tente donc d'exprimer l'humanité du jeu sans en sacrifier l'universalité. Son Jeu a un impact dramatique sur le monde extérieur et sur la Castalia, et pourtant il n'y changera rien.

Pendant qu'il est *Magister*, Knecht ne se montre pas seulement homme d'action: il continue de rechercher les visions les plus profondes. L'une des plus importantes lui vient alors qu'il assiste à la mort de son vieux professeur, le Maître de Musique, l'homme

> «dont le regard et l'exemple n'avaient jamais quitté Joseph; celui qui aurait toujours une génération d'avance sur lui, qui serait a jamais plus loin que lui sur le chemin de la vie. Il resterait toujours son patron et son modèle, le poussant doucement à suivre ses pas».

Cette ultime étape que franchit le Maître de Musique, Knecht n'avouera jamais explicitement qu'il la désire: c'est la canonisation. Après avoir lié pleinement l'action et la contemplation pendant sa vie entière, le Maître de Musique est enfin prêt à se fondre dans le Tout, ce qu'il n'aurait pu faire sans danger avant d'être arrivé au bout de ses jours. De même, pour comprendre la mort de Knecht, il est indispensable de voir la nature de cette totale réalisation du Soi. A cette fin, je citerai longuement Knecht sur ce sujet. Remarquez surtout les transformations du corps:

> «C'était comme si, en devenant musicien et Maître de musique, il avait choisi la musique comme voie menant au but le plus haut de l'homme, la liberté intérieure, la pureté, la perfection, et comme si, depuis ce choix, il n'avait fait rien d'autre que de se laisser de plus en plus pénétrer, transformer, purifier par la musique. Tout son être en était transformé depuis ses mains agiles de pianiste et sa vaste mémoire de musicien jusqu'à son pouls, sa respiration, son sommeil et ses rêves... Il n'était plus qu'un symbole, ou plutôt une manifestation, une personnification de la Musique».

La liberté, la pureté et la perfection viennent de la soumission totale de l'être spirituel, intellectuel et physique à la théorie et à la pratique d'une discipline.

Le maître de Musique devient la Musique elle-même: l'observateur éveillé ressent en lui «une musique immatérielle et ésotérique qui absorbe celui qui pénètre dans son cercle magique comme une chanson à plusieurs voix absorbe une voix nouvelle». C'est le plus haut but de l'humanité et, comme le montre Knecht, il est accessible par d'autres horizons que celui qu'offre la musique: l'astronome, le linguiste et même — quoiqu'il n'en parle pas — le Maître du Jeu peuvent y accéder. Knecht est devenu le Maître du Jeu en s'en faisant le serviteur. Il s'est soumis à ses professeurs, à sa discipline, et à la hiérarchie castalienne qui incarne celui-ci. Par son service, il est devenu si profondément conscient de la nature du Jeu qu'il perçoit le désir de celui-ci d'atteindre grâce à lui une dimension plus grande que jamais : la dimension humaine. Le maître et serviteur du Jeu est prêt à devenir l'intellectuel au service de la société.

Tout en dirigeant l'administration castalienne à la perfection, Knecht entre progressivement dans une nouvelle phase. Il commence à percevoir la nécessité d'avoir un « maître intellectuel » à Castalia. A nouveau le monde extérieur coïncidera avec le monde intérieur. La réalité interne qui se fait jour trouvera son correspondant dans le monde : car ce que le monde dans son infinie complexité ne nous offre pas est ce qui nous est invisible. Knecht ne commence à voir l'attrait de l'enseignement que lorsqu'il fait passer au plan du réel le charisme qui caractérise sa personnalité en devenir. Même avant d'avoir enseigné, il était sûr d'être un excellent professeur, mais il voulait d'abord étudier le Jeu. A Mariafels, il enseigna le Jeu au jeune Anton et au vieux Jacobus; en Castalia il donne cours aux jeunes professeurs d'élite. Puis, à la mort du Maître de Musique, il parvient à ramener le jeune Petrus à une vie active, alors que ce dernier se retranchait dans la pure vision du Tout. Knecht a toujours ressenti une attirance profonde envers les non-castaliens et le mode de vie naturel qu'ils représentent. Même enfant, il était choqué par le renvoi des autres garçons d'Escholz : cela lui faisait sentir le pouvoir du monde extérieur, auquel Castalia ne pouvait faire face. Grâce à ses débats avec Designori et le père Jacobus, il obtint de leur part non seulement l'acceptation de l'existence de Castalia et du Jeu des Perles de verre, mais il acquit encore pour lui-même une compréhension profonde du pouvoir et de la valeur du monde social. Le professeur est en même temps disciple. Il doit comprendre la nature de ce dernier, et lui communiquer la sienne : bien enseigner c'est se fortifier, s'enrichir et, en cela, c'est réaliser le «Soi», s'accomplir.

Voilà le salut de Castalia. L'insistance sur le rôle de l'intellectuel la renforcera doublement. D'abord cela la protégera contre le monde en en faisant comprendre la vraie valeur : sa Vérité et non son Jeu. Ensuite cela conduira Castalia vers un plein développement spirituel par la transformation de l'expérience du monde en connaissances. Lorsqu'il observe son ami Tégularius, Knecht comprend avec douleur à quel point Castalia a besoin d'un mariage entre sa Vérité et la nature du monde. Il voit en ce jeune génie radical et instable «deux choses en une : l'incarnation des plus hauts dons que l'on puisse trouver en Castalia et aussi le présage de la démoralisation, et de l'écroulement de ces capacités». Castalia est clairement «en pleine dégénérescence : la sénilité et le relâchement de la morale méditative de l'Ordre ont fait de cette culture intellectuelle très libre et très développée une communauté sans but, au-delà du plaisir égoïste que lui procurent ses propres facultés sur-spécialisées». Pour sauver des hommes comme Tégularius, Knecht, «le grand éducateur», se base plutôt sur la nature que sur l'intellect. Il profite de «l'amour et de l'admiration» qu'il suscite chez ce dernier. Mais celles-ci proviennent de la totale honnêteté du maître envers son Soi qui produit en lui aussi cette «personnalité harmonieuse» et charismatique grâce à laquelle le Maître de Musique envoûtait ses élèves. Qu'il le sache ou non, chaque homme aspire au Tout par la réalisation du Soi. Or l'homme qui est allé le plus loin dans cette voie a sur eux le même effet que le Tout lui-même. Comme c'était le cas pour le yogi de Dasa, la simple présence de Knecht fait sentir la puissance et la beauté du Tout aux disciples conscients. De ce point de vue, le Christ et Bouddha étaient aussi des intellectuels au sens plein.

Ayant compris ceci, Knecht avance vers un nouveau stade dans son «éveil». Face au choix entre le Soi et Castalia, il lui faut suivre la voie du Soi. La Castalia et le Jeu n'ont d'importance que parce qu'ils servent Knecht dans la réalisation du Soi, et donc du Tout. Si la Castalia quitte la voie qui mène au Tout, Knecht doit l'abandonner. Ce n'est pas une décision facile. Car Knecht est le cœur de la Castalia actuelle, il est l'incarnation vivante du Jeu, tout comme le Maître de Musique était celle de la musique. Dans ses conversations avec Designori, Knecht porte en lui la marque du saint: la sérénité joyeuse. Comme il l'explique à Plinio, vers la fin de sa carrière de Maître du Jeu:

«Cette joie n'est ni frivolité ni complaisance, c'est la pénétration spirituelle et l'amour suprême, l'affirmation de toute la réalité, l'agilité devant les profondeurs et les abîmes. C'est la vertu des saints et des chevaliers. Elle est indestructible et ne fait qu'augmenter avec l'âge et la proximité de la mort. C'est la beauté secrète et la réelle substance de l'art».

Et c'est par l'intermédiaire du Jeu qu'il est arrivé à cette sérénité joyeuse.

«Notre Jeu des Perles de verre combine les trois principes: l'étude, la vénération du beau et de la méditation. Par conséquent, celui qui joue devrait être aussi imprégné de joie qu'un fruit mûr de sucs doux».

Mais l'arrivée de la sérénité joyeuse présage «une mort proche».

Knecht a des raisons multiples et complexes de quitter Castalia, mais elles forment un tout cohérent. La raison personnelle la plus claire est liée à la tragédie de Designori et de sa famille. Celle-ci est une preuve flagrante de l'incapacité de Castalia à répondre aux besoins de la société, et dans sa « Circulaire », Knecht développe ce point de vue. Les dangers internes qui menacent Castalia sont son snobisme intellectuel et son ignorance de clocher des valeurs du monde. Cette ignorance explique par exemple le mépris castalien de l'histoire. Or la nature du Tout se manifeste dans des cycles de destruction et de création, de même qu'elle se manifeste alternativement dans la Nature et l'Esprit. Une telle période de destruction emportera Castalia car la Société qu'elle n'a pas servie prépare aujourd'hui la guerre :

« Et ce jour-là, les sages et la sagesse, le latin et les mathématiques, l'éducation et la culture n'auront de valeur que dans la mesure où elles servent les fins de la guerre ».

Comment Castalia pourrait-elle réagir ? Le Castalien ne peut rechercher ce pouvoir car il serait un dirigeant incapable. Comme politicien, il compromettrait sa nature, qui est l'attachement à la Vérité dans le but de sauvegarder la société.

Se perdre équivaudrait à un retour aux cavernes. Mais de plus, l'intellectuel qui sacrifie la vérité au monde du pouvoir, au monde des politiciens et des généraux « devient intensément diabolique... de loin pire que la bestialité instinctive qui, elle, garde toujours une forme d'innocence naturelle ». Le Castalien doit donc servir la Vérité : « S'il le faut, il doit sacrifier sa personne, mais jamais sa fidélité, son allégeance à la vie de l'esprit ».

Quant au Jeu, il est irrémédiablement perdu. Quoiqu'il soit *Magister Ludi*, Knecht ne croit pas que Castalia doive tenter de le sauver. L'élément le plus beau, et le moins pratique, de Castalia, le Jeu, sera le premier à disparaître quand viendra la guerre. Mais Castalia *doit* sauvegarder la Vérité. Et pour cela, il n'y a qu'un seul moyen : transformer le Maître du Jeu en véritable intellectuel. Knecht exhorte

Castalia à envoyer « ses bons maîtres d'école courageux » auprès du peuple. Les écoles d'élite s'écrouleront avec la disparition du Jeu, mais il leur faut mettre la Vérité en lieu sûr en fournissant les cadres

> « des écoles laïques de l'extérieur, où les bourgeois et les paysans, les artisans et les soldats, les politiciens, les militaires et les dirigeants son éduqués, sont formés alors qu'ils sont encore des enfants malléables. C'est là que l'on trouvera les bases de la vie culturelle future du pays, et non dans le Jeu des Perles de verre ».

Enfin Knecht a atteint l'« éveil » complet — en tant que Castalien. Il repense à sa vie et comprend que le Soi « qui l'avait amené à Waldzell, à Mariafels, qui l'avait fait entrer dans l'ordre et prendre la fonction de *Magister Ludi*, ce Soi l'entraîne à nouveau, vers l'extérieur. Il comprend que la vie d'action qu'il s'est choisie dans ses expériences passées le conduit maintenant hors du monde, vers une destination nouvelle et insoupçonnée et, qu'au bout du compte, « pour des raisons inconnues, il était d'une nature plus encline à l'action qu'à l'acquisition de connaissance, qu'il était plus instinctif qu'intellectuel ». Il aurait pu rester en Castalia si celle-ci avait été « le monde, le monde entier dans sa diversité et dans son indivisibilité, plutôt qu'un minuscule monde contenu dans le grand, ou encore un morceau qu'on en aurait témérairement et violemment découpé ». Mais cen'est pas le cas. Il faut donc dire adieu à Castalia. Finalement Knecht doit transcender sa vie de *Magister Ludi* comme il l'a fait pour ses autres vies.

Au moment de quitter Castalia, Knecht va chez le Président Alexandre pour présenter sa démission. Le débat est important : c'est une lutte pour le Jeu lui-même. En tant que représentant de la vie méditative la plus haute, il montre à Knecht les devoirs qu'il a envers Castalia. Mais Knecht lui répond qu'il a de plus hautes obligations envers lui-même et envers le monde. Il a rejoint Castalia parce que, comme saint Christophe, il ne peut servir que «le maître le plus grand». Aujourd'hui il se tourne vers une existence active dans le monde qui est devenue plus grande encore. Il n'a pas trahi Castalia; en fait il ne la trahirait que s'il restait, au mépris des exigences de son soi sur la voie du Tout. Alexandre est sceptique quant à ces exigences. Il affirme qu'elles ne sont que d'illusoires «révélations de pouvoirs supérieurs, que des communications ou des appels provenant du royaume d'une vérité objective, éternelle ou divine». Mais Knecht maintient que le Tout est une réalité de base de la psychè et il nie le percevoir selon d'autres termes. Chaque «éveil» fut une source de réactions pénibles. Même si, à ce moment, il ne comprenait pas bien ce qui lui arrivait, il le comprendrait bientôt, et deviendrait «éveillé, lucide, et réceptif». Plus important encore, l'histoire révèle que ce moment de nécessité survient dans les cultures comme chez les individus, et rien ne l'arrêtera. La vie individuelle et la vie de groupe sont toutes deux des suites de vie et de mort, qui se transcendent à jamais l'une l'autre, qui avancent toujours vers de nouveaux débuts. Et en Knecht, pour le moment, ce nouveau début c'est la conscience complète de son amour pour le monde; cet amour, qui commença avec les leçons de Père Jacobus, lui montrent la société et la nature, vastes, riches et toujours changeants; cet amour qui s'est nourri de la joie toujours plus grande qu'il éprouvait à enseigner à des élèves «de plus en plus jeunes», et qui enfin s'épanouit avec l'entrée dans sa vie de Plinio Designori. Il conclut en disant que s'il a fait un tel effort pour convaincre Alexandre, c'est parce que transcender Castalia ce n'est pas l'abandonner, c'est lui montrer le chemin afin de dépasser un présent dangereux. Il souhaite que Castalia l'apprécie pour ce qu'il lui a donné, qu'elle comprenne la vérité et la nécessité de sa décision, et qu'il y travaille «de l'extérieur». Alexandre refuse de reconnaître la justesse de la démarche de Knecht mais accepte sa démission. Pourtant, quand le Maître du Jeu part, le Président redevient humain. Aussi incompréhensible que soit Knecht, «il avait aimé cet homme», même sa «façon de marcher»,

> «un pas ferme et rythmé qui était aussi léger et presque aérien. Il exprimait quelque chose entre la dignité et l'enfance, la prêtrise et la danse. C'était une démarche étrange, aimable et élégante... Elle s'accordait ... avec sa façon particulière d'être Castalien et Magister, sa maîtrise et sa sérénité qui rappelaient parfois à Alexandre l'élégance et la mesure aristocratique de son prédécesseur Maître Thomas, et parfois le chaleureux et simple Maître de Musique qui venait de mourir».

Alexandre croit perdre un ami extraordinaire et aimé. Mais il perd le Jeu lui-même. L'ère castalienne se termine. L'aire de l'Intellectuel commence.

La mort de Knecht a été la source de grandes divergences chez les critiques de Hesse:

> «Il est certainement vrai qu'il y a peu d'épisodes dans l'ensemble de la littérature allemande moderne sur lesquelles il y ait eu autant de controverse... que sur la fin du *Jeu des Perles de verre*»[6].

De telles controverses ne montrent pas que les critiques soient incapables, ni que l'artiste soit incompétent, mais seulement qu'il a construit une expérience dans laquelle chaque lecteur peut se reconnaître. Pour moi, l'ambiguïté de la fin du *Jeu des Perles de Verre* est un signe certain de l'art le plus grand. C'est la preuve de son universalité: c'est une approche du Tout dans laquelle chaque individu est inclus. Pour certains, la mort de Knecht est un échec soit de Knecht, soit de Hermann Hesse. Hesse lui-même était conscient de la multiplicité des interprétations que permet sa fin et choisit (sans obligation de le suivre) celle qui lui plaisait le plus:

> «La mort de Knecht peut naturellement recevoir de nombreuses interprétations. Pour moi c'est celle du sacrifice qui est centrale: il l'accom-

---

[6] Boulby, p. 302.

plit avec vaillance et joie. Dans ce sens il n'a pas abandonné sa tâche d'éducateur, il l'a achevée »[7].

Le résultat auquel j'ai essayé d'arriver dans ce chapitre est que c'est en temps qu'incarnation du Jeu des Perles de Verre que Knecht doit mourir. Je ne suggère pas qu'il sache qu'il va mourir au cours de cette magnifique journée à Belpunt (le « beau pont »). Pourtant beaucoup de choses ont pu lui sembler des présages : le martyre de Bertram, la dépression qui l'accable lorsqu'il devient Magister, sa « sérénité joyeuse » qui ne fait que croître et qui est un symptôme de l'approche de la mort, ses descriptions constantes de l'évolution de Soi comme cycle de naissances et de morts, et le désir qu'il avoue à Alexandre du « risque de la difficulté, du danger... des privations et des souffrances ».

« Si seulement il avait pu rendre clair pour Maître Alexandre ce qui lui semblait, à lui, si évident; s'il avait pu montrer que l'égoïsme apparent de son action actuelle n'était en réalité que service et obéissance, qu'il ne s'avançait pas vers la liberté, mais vers des lieux nouveaux, étranges et encore inconnus, qu'il n'était pas un fugitif, mais un homme qui répondait à un appel; non pas têtu mais obéissant, non maître mais martyr ».

Knecht se voit certainement sacrifié. Et, quoiqu'il ne meurt pas volontairement lorsqu'il plonge dans l'eau glacée, il se sait fatigué, malade, novice en montagne et faible physiquement. Il décide pourtant clairement de se gagner le jeune Tito en ne lui « opposant pas une rationalité froide et adulte à ce défi éprouvant ses forces ». Mais à ce moment Knecht reçoit l'« appel » : « l'appel était plus fort que la sagesse, la volonté plus forte que l'instinct ». Cette fois l'appel est celui de la mort, et suivant le plus fort des maîtres Knecht meurt.

---

[7] Cité in Boulby, p. 303.

Je ne peux croire que dans cette fin Hesse nous met en garde contre nous-mêmes. La mort n'est pas le seul problème impliqué : les autres deviennent plus clairs si l'on scrute l'imagerie symbolique.

La scène est précisément celle de la prophétie de Frère Aîné : montagne, lac et jeune fou. Comme dans *Narcisse et Goldmund*, la montagne représente « l'idée de méditation, l'élévation spirituelle et la communion des bienheureux »[8]. Castalia est située dans les montagnes, la terre du père. Le lac est bien entendu l'élément-mère. Quoiqu'il représente souvent l'opposé de la montagne, surtout le désastre et la mort, je crois que le lac porte ici un sens supplémentaire. Situé entre la terre et le ciel, entre la vie et la mort, c'est l'élément de transition. Knecht ne fait pas que mourir, il transcende. Et *Les Trois Vies* nous présenteront l'avenir de cette transcendance[9].

Mais avant de revenir aux *Vies* je veux parler de Tito, l'enfant pour lequel Knecht accomplit son sacrifice. Comme toujours, l'enfant représente le Soi non réalisé. L'on peut dire que Knecht se sacrifie symboliquement au Soi-comme-enfant qui lui a toujours donné « l'appel ». La relation de Tito avec le Soi comme « adorateur » du Tout est établie durant sa danse pendant laquelle « ses brs étendus embrassent la montagne, le lac et le ciel » — tous les aspects du Tout. Sa danse symbolise le processus en devenir, la transformation qui unit le tout. La relation de

---

[8] J.E. Cirlot, *A Dictionary of Symbols*, p. 210. Voir aussi J.C. Middleton, « An Enigm a Tranfigured », *German Life ans Letters*, New Series, X (1956-7), 298-302.

[9] Je dois faire remarquer que Hesse écrivit les *Vies* dans le début de son travail sur le *Jeu des Perles de verre*, et que certains critiques croient qu'il y a des contradictions significatives dans le roman, qu'il écrivit en 10 ans. J'admets qu'il puisse y avoir des défauts dans *Le Jeu des Perles de verre*, mais ce qui m'importe n'est pas tant la pose des briques que le bâtiment : à mes yeux, l'édifice achevé est magnifique.

Knecht avec l'enfant est suggérée par la démarche qu'aimait Alexandre, qui lui rappelait l'enfant et la danse. Mais elle lui rappelle aussi leurs opposés. Knecht n'est plus un enfant, ni un étudiant, c'est le Vieil Homme, le Soi pleinement réalisé, qui vient faire écho comme un « appel », au Soi non réalisé de Tito. En même temps il répond à la dernière exigence du Soi non réalisé en lui : mourir pour que de nouveaux débuts puissent survenir.

Revenons aux *Ecrits posthumes de Joseph Knecht*. Ils prennent maintenant une dimension supplémentaire. En tant qu'étudiant Knecht croyait sans doute que ces vies l'avaient mené jusqu'à ce qu'il était devenu. Il était l'étudiant dans ces récits. Mais maintenant considérons-le comme le professeur, et notons l'environnement de chacune de ces vies. Il me semble que *Les Vies* représentent un cycle de l'humanité, depuis la société matriarcale primitive du Sorcier en passant par Famulus, le père du désert (l'opposé du précédent) jusqu'à la société de Dasa, où la nature et l'humain (la jungle et la femme) passent sous le contrôle du Soi réalisé et non réalisé — le yogi et le disciple. C'est le sommet du développement humain. Mais il y a une quatrième vie, celle de Joseph Knecht, qui montre la déterioration de l'harmonie spirituelle représentée par le yogi et Dasa. Comme Knecht le dit à Plinio au sujet de la « sérénité joyeuse » des Hindous, une sérénité obtenue par un vieux yogi :

« Le monde que ces mythes représentent commence divinement, voluptueusement, brillamment, dans un printemps de beauté radieuse : l'âge d'or. Puis il devient malade et dégénère de plus en plus ; pour crouler dans la misère. Après quatre âges, chacun plus bas que le précédent, il est mûr pour l'annihilation. Il est donc écrasé par les pieds dansants de Shiva — mais il ne s'arrête pas là. Il recommence sous le sourire de Vishnou, en plein rêve, dont les mains façonnent en jouant, un monde jeune, nouveau, beau et étincelant ».

L'âge de Knecht c'est le quatrième, l'âge du déluge qui balaiera le vieux monde pour en libérer un nouveau.

Comme Knecht, le Jeu des Perles de Verre mourra. La guerre le détruira en même temps que la plus grande partie de Castalia. Castalia est une civilisation qui ne peut plus produire d'art : elle contemple l'art du passé et le transpose en rythmes somptueux dans le Jeu. C'est une distillation de l'art — un procédé superbe, mais sans matière, sans la matière *humaine* de la société et de la nature. Le monde s'est écroulé à nouveau. Il passera.

Finalement, Hesse parle de nous et non de Castalia. Il parle des meilleurs et des pires d'entre nous. Ce que nous avons de plus cher, les efforts héroïques de nos plus grands hommes, tout ce que notre âge de raison a de noble serait détruit comme le furent d'autres mondes admirables : la magie des primitifs; les civilisations égyptiennes, grecques et romaines; le temps spirituel de l'Eglise; et aujourd'hui les grands immeubles carrés de l'Etat, les tours d'ivoire de l'Université. Devant cette vision de l'éphémère, allons-nous nous jeter, soudain pris de folie, dans la danse de la mort que regardait Goldmund? C'est possible. Mais Joseph Knecht, lui, ne le fera pas. A travers lui, à travers le serviteur, l'intensifieur, le professeur, la civilisation nouvelle s'enrichira de la nôtre, comme nous nous sommes enrichis de la précédente.

A la seconde lecture, les *Poèmes* de Knecht expliquent l'entrée du Jeu en Knecht, le dernier Joueur. S'il aimait tout le poème d'« Adieu », c'est qu'il sentait qu'il lui fallait mourir pour que, finalement, naisse la Castalia Universelle dont il rêvait : celle qui incarnerait pour toujours la vérité et la beauté du Jeu dans la Totalité de l'Esprit et de la Nature. Pour servir ce Jeu-là, Knecht devait mourir en incarnant celui-ci.

Les Trois Vies finissent sur la mort de Knecht, mais elles commencent aussi par celle-ci. La Spirale s'élève. Nous ne devons pas croire que le progrès soit le fruit d'une technologie plus efficace ni même d'une intelligence plus fine. Il s'agit simplement de la sagesse. Ces *Vies* prennent un autre aspect à la seconde lecture: elles s'enrichissent de notre sagesse nouvelle, celle que nous apporte l'expérience de Knecht. Il s'agit toujours du même cycle tragi-comique de naissance, croissance, dégénérescence, destruction et naissance à nouveau. Mais *il a changé de nature*, et là est la Voie qui s'élève vers le Tout.

Knecht meurt dans l'eau, l'élément-mère. Or, dans les *Vies* le premier monde où il apparaît est le monde-mère. Le maître du faiseur de pluie et son élève s'appellent tous les deux Tourou. Le nom du fils de Designori est Tito. Et Tito est un primitif — mais, au bord du lac, il a uni dans sa personnalité la nature active de son père génétique, et la nature passive de son père spirituel, Knecht. C'est précisément le sacrifice de Knecht qui perce la psyché primitive de Tito. Knecht lui impose une responsabilité: celle d'une honte qui «l'obligerait à des choses toujours plus grandes».

Ainsi dans «le faiseur de pluie» on a presque l'impression que le vieux Tourou n'est autre que Tito, qui a survécu à la société minée par la guerre de Designori. Il maîtrise le monde-mère dans lequel Knecht s'est noyé, et transmet la sagesse au nouveau Knecht (le nom n'a pas changé, il doit grandir), qui apprend que le monde du père est, par certains côtés, supérieur à celui de la mère. Celui-ci en effet reste passif face à la destruction et la mort. Knecht le sorcier est amené au Viel Homme à peu près de la même manière que Harry arrive à Pablo grâce à Hermine — grâce à l'anima Ada. Mais elle s'efface rapidement dans l'arrière-plan, l'«appel» est plus important que la nature. Knecht le Sorcier ajoute aux connaissances du professeur en distinguant son pouvoir et sa nature spirituelle de celle de la mère. Celle-ci le fera mourir, mais il transmettra ses pouvoirs de sorcier à celui de son choix. Il refusera le candidat des femmes, le faible et traître Maro. A nouveau il le fera en se sacrifiant à la tâche, et une fois de plus le professeur fait reposer la responsabilité sur son élève, le jeune Tourou. La «culpabilité» c'est de savoir qu'un homme chérit sa vision du Tout au point de mourir pour la savoir sauve en son élève.

Le triomphe du père sur la mère continue dans «Le Confesseur». Famulus et Dion Pugil vivent tous les deux dans un monde dominé par la nature, Famulus exprime la passivité féminine et Dion l'activité masculine. Dans «Le Faiseur de Pluie» le principe mâle était subordonné au principe femelle. Aujourd'hui il y a un fossé entre eux. Au lieu de la forêt fertile nous nous trouvons dans le désert de Narcisse. Mais à nouveau le principe du père prend l'initiative, Dion se sacrifie à Famulus, et la culpabilité ressentie par ce dernier l'oblige à unir en lui les natures actives et passives. Knecht, contraint par Plinio, en avait fait de même. Un palmier pousse alors dans le désert. Dans «La vie indienne», le «quatrième» âge apparaît. Le palmier s'est transformé en une jungle luxuriante, que Hesse décrit d'une prose pleine d'images. Mais la jungle n'appartient plus seulement à la mère. Au centre, il y a un yogi silencieux; il est en même temps en elle, au-dessus et au-delà d'elle; son Soi est à l'écoute du Tout. Dasa apprend de lui que le monde est illusoire, mais il l'apprend en *vivant* l'illusion, ce que Castalia ne peut plus faire. Au cours de sa vie, il rencontre de nouveau la mère sous la forme de la belle et méchante Pravata, et encore une fois, il a un fils. Mais cette fois la mère est la victoire; il est détruit et son fils meurt. Il n'y a aucun Tourou qui puisse porter la sagesse qu'il a acquise par l'extase et l'horreur d'une vie infiniment variée, depuis le berger jusqu'au roi.

Mais la fin de la civilisation de Dasa n'importe pas plus que la fin de celle de Knecht, ou que la fin de la nôtre. Ce n'est qu'un pas de plus vers le Tout. Dasa n'est pas père, il est le disciple de yogi. Alors que le principe actif de Plinio, qui incarné en Dion Pugil avait vaincu Famulus, maintenant, incarné en Dasa, il est a son tour surpassé par le yogi, le Vieil Homme, le Tout. Le Christ, Bouddha, le Maître de Musique et Joseph Knecht lui-même se réalisent dans l'enseignement et leur existence même, quel que soit leur destin personnel — une croix, la noyade, la canonisation, illumine la voie qui mène l'humanité vers le Tout. Le disciple éveillé deviendra le Vieil Homme suivant, le Soi réalisé.

Il y a, en plus, au-delà de tous ces êtres, un Vieil Homme. Il est aussi joyeux et serein que les Vieux Hommes de son roman. Et lorsqu'on lui demande la Réponse, il rit et montre la Maya dans laquelle tous les personnages de ses romans luttent si vaillamment, si terriblement, si comiquement. Mais si on est mécontent et qu'on demande qu'elle est la Voie à suivre, il sourit, comme Siddharta, «calmement, délicatement, impénétrablement, parfois avec grâce, parfois en se moquant sagement, de son sourire aux mille formes». Et dans ce sourire on voit les quatre vies de Hermann Hesse.

Conclusion

Les quatre vies de Hermann Hesse

L'un des buts de ce livre est d'expliquer pourquoi Hermann Hesse est tellement admiré des jeunes. L'ébauche d'une réponse apparaît dans les dernières lignes du chapitre précédent. Carl Jung pensait qu'un homme qui avancerait suffisamment dans la réalisation du Soi aurait un impact charismatique sur la société. Les autres verraient en lui ce vers quoi leurs propres psychés tendent et ils seraient consolés, réjouis et inspirés par ce grand homme, véritable intellectuel. Il pense que Hermann Hesse est un homme de ce type.

La recherche de la réalisation de soi dans les romans de Hesse commence avec *Siddharta* (1922). Avec pour cadre l'Inde ancienne de Bouddha, *Siddharta* se base sur le mysticisme hindouiste et bouddhiste. C'est une légende très belle et très claire qui montre l'évolution d'un jeune intellectuel passant par l'expérience de la sagesse spirituelle. Siddharta finit par transcender le Soi et devenir un avec l'univers du dedans et du dehors. *Le Loup des steppes*

(1927) est situé dans un cadre tout à fait différent. Dans une Allemagne démoralisée par la première guerre mondiale, souffrant d'une banqueroute économique et spirituelle, l'intellectuel Harry Haller parvient à échapper à la paralysie suicidaire et réconcilie les éléments conflictuels de sa personnalité en s'immergeant dans ce qu'il croit être l'élément destructeur. En se référant à la théorie de la personnalité de Carl Jung, Hesse construit un roman en contraste violent avec *Siddharta*. Les personnages sont douloureusement et risiblement réalistes, le Théâtre Magique est une énigme fantastique et surréaliste, et le sourire bienveillant devient le rictus de l'humour noir. Il y a de nouveau un changement total de sujet, de personnages et de lieu dans *Narcisse et Goldmund* (1930). C'est un roman puissamment érotique et dramatique dans lequel un sculpteur médiéval, Goldmund, transcende le monde de la vie et de la mort qu'il aime profondément pour trouver en l'art la permanence qu'il poursuit. Sous la surface de l'imagerie symbolique discrète de ce roman à l'intrigue rapide, il y a un univers sauvage et magnifique. Une fois de plus, le héros part du monde intellectuel de son ami Narcisse, passe par le sang, la sueur et le sexe qui constituent l'expérience humaine, et arrive à une sagesse spirituelle qui affirme à nouveau l'harmonie de l'univers. Finalement, *Le Jeu des perles de verre* (1943), met rigoureusement à l'épreuve le monde de l'intellectuel que les autres ont abandonné. Le ton de ce roman est d'une sérénité et d'une joie trompeuse qui est absente même de *Siddharta*. Les problèmes évoqués concernent directement et profondément l'intellectuel contemporain, et son institution principale, l'université. Toute l'étendue des solutions humaines est à nouveau parcourue: l'intellect et les institutions, l'art et le mysticisme, la politique et la société, et toutes seront transcendées. Le «maître à penser», Joseph Knecht, devient l'incarnation vivante de sa vocation, le Jeu des Perles de verre. Il le transcende et parvient à une relation harmonieuse avec l'univers, si complète et si pleinement réalisée que *Siddharta* en devient un schéma virtuel, un plan que Hesse n'a actualisé qu'en étendant sa vision de la psyché individuelle à la totalité de l'histoire humaine.

Dans tous ces romans, il y a un facteur d'unification supplémentaire : la personnalité d'Hermann Hesse cherchant la réalisaiton de soi en vivant dans son art les solutions que sa propre vie ont rendu séduisantes. Tout en posant une affirmation par la poursuite d'une ligne d'action jusqu'à ses conclusions, Hesse est simultanément conscient des autres parcours à suivre. *Le loup des steppes* s'ouvre sur un Harry Haller qui s'est essayé à cette discipline spirituelle et n'en a pas été satisfait. Finalement il se retire aussi, mais dans le chaos et l'horreur de sa propre existence, afin d'y trouver le complément nécessaire de tout ce qu'il estime en lui-même. Goldmund, quant à lui, quitte une fois pour toutes l'esprit et la psyché; dans un monde violent et beau, il vit une existence active au travers de ses sens, de son corps et de ses émotions. Ce n'est que lorsqu'il a épuisé son corps qu'il peut le transcender. Joseph Knecht vit aussi une vie d'action dans le monde également complexe de l'intellectuel et ce n'est que lorsqu'il a épuisé ses potentialités qu'il le quitte. Aussi variées que soient les approches, le cheminement est le même : Hesse se réalise en vivant chaque vie jusqu'à ses conclusions. Il part d'une idée, il la met à l'épreuve par l'expérience, et la suit jusqu'à son terme sans jamais perdre de vue sa croyance ultime en l'harmonie universelle. Et c'est le tour d'une nouvelle idée. Chaque vie est enrichie de l'expérience de la précédente; chaque roman a des dimensions supplémentaires, chaque solution semble plus proche de *la* solution.

Tout au long de ma discussion des quatre grands romans de Hesse, je me suis senti dans la situation d'un homme qui tenterait d'éclairer le soleil avec une torche. En écrivant ce livre, j'ai vécu les livres de Hesse. Il le fallait. La plus importante des choses que Hesse ait à offrir c'est sa propre expérience, depuis le sourire bienveillant de Siddharta en passant par le rictus du Loup des steppes, et le rire de Goldmund, jusqu'au sourire joyeux et serein du Viel Homme. J'ai beaucoup appris dans des livres sur l'hindouisme, les théories de Jung, le symbolisme ésotérique et la philosophie esthétique, mais ces livres n'ont pu m'aider qu'à approcher le langage de Hesse. Pour approcher de *lui* il m'a fallu aller vers moi, et il en va ainsi pour tous ses lecteurs.

Hesse, en présentant l'expérience universelle de sa propre quête du Soi, exerce manifestement un attrait universel. Mais, pour en revenir à ma question de départ, pourquoi cet attrait particulier sur les jeunes lecteurs d'aujourd'hui ? Il est possible de répondre partiellement en se référant à l'histoire culturelle. Encore récemment les grandes figures littéraires des pays anglophones, celles qui étaient les plus respectées par le système, étaient en opposition explicite avec le romantisme, surtout dans la forme où il leur était parvenu par l'intermédiaire de la période victorienne. T.E. Hulme, qui eut une influence significative sur le jeune T.S. Eliot, condamnait le romantisme, la croyance au potentiel illimité de l'homme, l'humanisme, «l'émotif et le doux», et l'expression de soi. Quoiqu'il n'y eût que peu de gens pour approuver tous ces jugements de valeur, un grand nombre de personnes étaient d'accord avec lui pour condamner l'expression de soi et pour insister sur la nécessité d'une littérature plus disciplinée et plus complexe. Eliot par exemple affirma que «l'artiste le plus parfait était celui qui parviendrait le mieux à séparer en lui l'homme qui souffre de l'esprit qui crée»[1].

---

[1] T.S. Eliot, «Tradition and the Individual Talent», in *The Sacred Wood* (New York, Barnes and Noble, 1960), p. 54.

Cependant, il semble que depuis peu il y ait de plus en plus d'intérêt pour le type de romantisme que représente Hermann Hesse. Il s'agit d'une écriture-confession, qui émane de *l'homme* qui l'écrit, et où il est clair que celui-ci ressent profondément ce qu'il exprime. D'autres attitudes romantiques sont perceptibles : la mise au second plan de la raison par rapport aux autres fonctions de l'esprit, le besoin de transcender le moi individuel et isolé par le développement de ces fonctions, le fait de ranimer attentivement la foi dans le Tout que forme l'univers dans lequel chaque homme trouve sa place. Il m'est de plus en plus facile de faire réagir mes étudiants à Blake. Coleridge, Bryon, Keats, Shelley, Carlyle ainsi qu'aux essayistes victoriens. Quant à Wordsworth, si sa poésie les laisse froid, ses idées les stimulent.

Si Hesse avait écrit à New York ou à Londres, il aurait été étonnant qu'il soit romantique ; en effet, dès la première guerre mondiale le romantisme anglais déclinait. Cependant, ce n'est qu'à la fin de la seconde guerre mondiale que le romantisme allemand fit de même (ce qui a eu pour résultat de rendre Hesse plutôt impopulaire dans son propre pays aujourd'hui). Il n'y eut aucun grand écrivain anglophone entre les deux guerres. La traduction des œuvres de Hesse nous en fournit un, et le prix Nobel qu'il reçut en 1946 attira l'attention sur lui. La publication de *Siddharta* en livre de poche chez The New Directions, la liaison de cette maison d'édition avec le mouvement Beat, l'intérêt des membres de ce mouvement pour le mysticisme de *Siddharta*, l'importance de ce mouvement dans la contre-culture, et le caractère romantique de celle-ci me paraissent tous être des facteurs qui expliquent l'importance étonnante de Hesse dans les années soixante et soixante-dix.

Mais l'histoire culturelle n'explique pas tout. Nous avons eu, et avons encore, des gens comme Ferlinghetti, Ginsberg, Corso, Kerouac, Kesey, Bruntigan, Tolkien, Vonnegut, les tenants de l'humour noir, Buckminster Fuller, McLuhan, Watts, Laing, Leary, Suzuki; nous avons les magazines «Underground», les journaux et le *Whole Earth Catalogue*. Dieu sait qu'il y a beaucoup à lire. Cependant, Hesse semble être au-delà de tous les écrivains que je viens de citer; par ses attaques contre l'homme unidimensionnel qui nous étrangle depuis de dizaines d'années, contre les prophètes du chaos et de la décadence, contre l'hyper-rationalisme, l'organisation à outrance et le matérialisme de l'ère des machines; par sa vertu des drogues, des rêves, de la musique et du mysticisme. Peut-être que c'est l'étendue de son inspiration qui explique la position de Hesse, ce qui revient encore à dire que Hesse lui-même est le Vieil Homme. Hesse semble au courant de toutes les expériences de la jeunesse. *Le Loup des steppes* s'adresse au rebelle et à la tête. *Narcisse et Goldmund* plaît à celui qui abandonne ses études. *Le Jeu des perles de verre* fournit des munitions aux étudiants de nos universités dépersonnalisées et surspécialisées.

Mais au-delà du point de départ du jeune lecteur il y a le but qu'il vise: la liberté. Surtout la liberté d'être soi-même, de «faire sa vie». Il y a une hiérarchie des buts chez l'être humain. Si un homme n'a pas de nourriture son désir principal est de manger. Puis vient le besoin d'un abri; puis, avec la conscience du danger des loups et des sauvages, la nécessité de la sécurité. Ensuite il y a le désir d'appartenir à un groupe, la poussée conformiste que nous connaissons tous. Suit la volonté de puissance sur les autres, à laquelle arrivent peu d'entre nous. Et finalement, un dernier désir apparaît chez ceux qui sont pleinement nourris, chauffés, libérés des dangers physiques et psychologiques: le désir de la réalisation de soi; l'individualité naît.

Notre technologie a donné le jour à un nouvel être humain : l'individu. Mais il n'y en a pas beaucoup. Le courage immense qu'il faut pour créer un monde nouveau n'apparaît que rarement. Et il n'y a que peu de conseils utiles venant des plus âgés, supposément plus sages. Ils voient leur monde menacé; or, ils ont toujours besoin d'appartenir à quelqu'un et d'avoir quelqu'un qui leur appartient. Par conséquent, ils écrasent et mettent en prison les marginaux.

Est-ce donc bien étonnant que Hesse ait du succès? Voici un homme qui a vécu jusqu'à l'âge de quatre-vingt-cinq ans. Il a commencé *Siddharta* à quarante-cinq ans, et a fini *Le Jeu des perles de verre* à soixante-six ans. Et pourtant il est toujours resté là, présent; il a traversé la honte, l'échec, le divorce et la dislocation de sa famille, la perte de l'estime publique et de l'argent, l'exil politique, deux guerres sauvages qui ont décimé ses parents et ses amis, et une dépression qui a chassé une grande partie de ceux qui restaient. Hesse était là, en solitaire en étranger. Et, en même temps savant assidu, philosophe, grand écrivain; un des grands guides spirituels de son temps et du nôtre. En bref, pour toute une génération de jeunes qui n'ont pas de repère dans une lutte nouvelle et difficile, Hermann Hesse est le « Maître » à penser par excellence.

Mais pas pour tous. Beaucoup de jeunes engagés dans la politique n'aiment pas Hesse. Ceux à qui il ne plaît pas prennent plus ou moins la même position qu'Alexandre envers Knecht. C'est un mystique narcissique, un individualiste égoïste qui ne se préoccupe pas de l'exploitation économique qui enfonce les pauvres dans une misère brutale. Il n'aidera pas à défaire l'Etat pour en faire un nouveau. Il a confortablement attendu la fin de la deuxième guerre mondiale en Suisse. Certains ont même été jusqu'à prétendre que c'était sa mentalité qui avait préparé la voie à la guerre.

Je voudrais raconter l'histoire d'un autre Vieil Homme que j'ai rencontré, un contemporain allemand de Hesse qui a suivi le chemin de la politique. Il s'agit d'Augustin Souchy, ancien dirigeant des socialistes libertaires allemands. Mais Souchy n'était pas un lanceur de bombes. Il fut arrêté pendant la première guerre mondiale parce qu'il était pacifiste; des soldats lui pendirent au cou un panneau qui le désignait comme «criminel dangereux». Il devint un disciple de Gustav Landauer, un pacifiste érudit de Shakespeare. Mais son maître fut assassiné par la droite après la guerre. Souchy prit la relève et devint un dirigeant; il parla, écrivit et organisa. Il poussa les socialistes libertaires à rompre avec le communisme, après qu'une visite à Lénine l'eut convaincu que la liberté individuelle, à laquelle, comme Hesse, il attachait tant d'importance, ne pouvait s'épanouir dans un Etat totalitaire. Il vit sa base le quitter pour le parti nazi. Il participa à la réussite de l'expérience anarchiste à Barcelone pendant la guerre civile espagnole, et vit là aussi les fascistes victorieux. Il fut emprisonné et s'échappa. Il travailla au Mexique, à Cuba et dans les Kibboutz et l'Israël d'après-guerre. Il connaissait, souvent de près, presque tous les grands mouvements révolutionnaires de son époque, et il était en contact avec les jeunes dirigeants de la nouvelle révolution européenne. Toute sa vie Souchy lutta pour minimiser le contrôle de l'Etat et augmenter la liberté individuelle.

Mais il œuvrait pour une victoire économique. Je lui ai dit que je ne pensais pas que la prospérité fût la réponse finale. Après tout le mouvement révolutionnaire américain avait des membres provenant des deux bouts de l'horizon économique. Il y avait un mécontentement plus profond, un désir de réalisation de soi. Il répondit: «Nous étions naïfs à cette époque. Nous n'avions pas encore vécu tous ces événements, voyez-vous. Nous pensions que tout irait tout seul une fois que tout le monde serait nourri et vêtu.

Ce n'est plus le cas aujourd'hui». Lui aussi est un intellectuel au sens plein.

Hesse serait sans doute d'accord avec ce que Massimo Teodori appelle la thèse numéro 1 de la nouvelle gauche :

La *révolte morale* de l'individu, et le désir de la non-conformité dans tous les aspects de l'existence qui sont liés au style de vie, en viennent à prendre une signification de liberté humaine (et par conséquent politique) dans un contexte où le système économique et les institutions sociales tendent progressivement à envahir et à définir, explicitement ou implicitement, chaque aspect de la vie du citoyen, restreignant les droits fondamentaux de réalisation de soi, d'expression, et de contrôle de sa propre vie[2].

Mais Hesse remplacerait probablement les mots «droit de réalisation de soi» par «devoir de réalisation de soi». Et il rejetterait certainement la parenthèse cruciale «(et par conséquent politique)». Mais laissons-lui la parole :

«Je prêche la volonté d'être soi, et non la révolution. Comment pourrais-je vouloir la révolution? La révolution, c'est la guerre; et comme toute guerre, c'est «la prolongation de la politique par d'autres moyens». Mais l'homme qui a eu un jour le courage dêtre lui-même, qui a entendu la voix de son propre destin, ne se soucie pas de politique, qu'elle soit monarchiste, démocratique, révolutionnaire ou conservatrice! C'est autre chose qui lui importe. Sa volonté d'être soi, comme celle qui habite chaque brin d'herbe, magnifique et profonde, qui est un don de Dieu, n'a d'autre but que sa propre croissance. «Egoïsme» si l'on veut, mais très différent de l'égoïsme sordide de ceux qui ont soif d'argent et de pouvoir!... Ceux qui n'ont pas confiance en la force de vie qui vibre en eux, ou chez qui elle est absente sont poussés à chercher dans l'argent un substitut, une compensation»[3].

Knecht respecte Plinio Designori. Mais Dasa doit finalement se tourner vers le yogi.

---

[2] Massimo Teodori, *The New Left* (Indianapolis, Bobbs-Merill, 1969), p. 36.
[3] Hermann Hesse, *If the War goes on...* (New York, Farrar, Strauss and Giroux, 1971), p. 83.

Bibliographie

BOULBY, M., *Hermann Hesse. His Mind and Art*. Cornell University Press, Ithaca, N.Y., 1967.

FIELD G.W., *Hermann Hesse*, Twayne Publishers Inc., 1970.

FREEDMAN R., *Hermann Hesse, Pilgrim of Crisis,* Pantheon Books, N.Y., 1978.

MILECK, J., *Hermann Hesse: Life and Art*. University of California Press, Berkeley, 1978.

OTTEN A. éd., *Hesse Companion*. University of Mexico Press, Albuquerque, 1973.

ZELLER, B., *Hermann Hesse*. Rowohlt, Hamburg, 1963 (tr. angl. chez Herder and Herder, N.Y., 1971).

ZIOLKOWSKI, T., *The Novels of Hermann Hesse. A Study in Theme and Structure*. Princeton University Press, N.J., 1965.

Table des matières

Présentation 7

Chapitre 1
Siddharta ou Le Modèle du Sage 23

Chapitre 2
Le loup des steppes ou le Siddharta du monde actuel 55

Chapitre 3
Narcisse et Goldmund ou Le Monde de la Mère . 107

Chapitre 4
Le Jeu des Perles de Verre : Grandeur et Paradoxe de l'Intellectuel 149

Conclusion 203

Bibliographie 212